BERRETEAGA
Express

utilísima

BERRETEAGA Express

CHOLY BERRETEAGA

EDITORIAL ATLANTIDA

BUENOS AIRES

Produción general: Susana Olveira
Dibujos: Maitena
Foto de contratapa: Héctor Villalba
Fotos de interior: Departamento Fotográfico de Editorial Atlántida
y Aída Press

I.S.B.N. 950-08-1254-1

Prólogo

Al comienzo del año 1993, al productor general de
Utilísima, Ernesto Sandler, se le ocurrió introducir un
nuevo espacio en la cocina, el **Berreteaga Express**.
Fue tanta su repercusión y éxito, que siguió durante todo
el año y nos impulsó a editar este libro.
Como en todos mis libros anteriores, he querido ofrecer
una cocina rápida y práctica, eliminando los obstáculos
en los platos muy elaborados.
En estas páginas usted encontrará la manera de
cocinar, por ejemplo, una carne con salsa de espárragos
utilizando el mismo tiempo que le lleva preparar
un bife a la plancha.
He incluido todas las recetas dadas en el ciclo
del programa, sumándole otras tantas que harán
que la cocina diaria se convierta en algo divertido.
Mi deseo ha sido que este **Berreteaga Express**
se adaptara a las necesidades de la vida actual.
Espero haberlo conseguido y que le resulte útil.

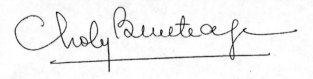

Alacena express

En la heladera y en la alacena, una buena provisión
de ingredientes ayuda a que todo salga bien
en poco tiempo, cuando llega la hora de armar una
comida express.
Aquí le damos una lista básica que usted podrá adaptar
en cantidades, de acuerdo con
los platos más exitosos de la cocina diaria.

A

Aceite
Aceite de oliva
Aceitunas negras
Aceitunas verdes
Ajo
Albahaca
Alcaparras
Ananás en lata
Anchoas en aceite
Arroz
Arvejas en lata
Atún en lata
Azúcar
Azúcar impalpable

B

Bizcochuelo (mezcla para
preparar)
Bollo de masa para pizza

C

Cacao
Champiñones
Choclo en lata
Chocolate para taza
Crema de leche
Cubos de caldo

D

Dulce de leche
Duraznos en almíbar

E

Esencia de vainilla
Especias varias

F

Fécula de maíz
Fideos (Bucattini, spaghetti y
otras variedades)
Flan (mezcla para preparar)

G

Gelatina sin sabor

H

Harina
Harina de maíz de cocimiento
rápido
Harina leudante
Hierbas aromáticas
Hongos secos
Huevos
Huevos duros

J

Jamón cocido
Jamón crudo
Jardinera en lata
Jerez

L

Leche
Leche condensada
Legumbres secas variadas
Lentejas en lata
Levadura de cerveza

M

Manteca
Mayonesa

Mermeladas
Morrones en lata
Mostaza
Mozzarella

N

Nueces

P

Palmitos
Pan lácteo
Pan rallado
Panceta ahumada
Pasas de uva
Perejil fresco o deshidratado
Pionono
Pizza precocida
Porotos en lata
Puré de papas en copos

Q

Queso blanco
Queso fresco
Queso gruyère
Queso rallado

S

Salchichas de viena
Salsa al filetto
Salsa de soja

10

Salsa de tomate
Salsa ketchup
Salsa pomarolla
Salsa portuguesa
Sardinas en lata
Sopas crema de distintos gustos

T

Tapas para empanadas

Tapas para empanadas de
copetín
Tapas para tartas
y pascualina

V

Vermouth
Vinagre
Vino blanco y tinto

Entradas frías

Alfajores de atún

12 ALFAJORES 12 MINUTOS

20 MINUTOS MUY FACIL

INGREDIENTES

Tapas de empanaditas para copetín	1 paquete
Atún	1 lata
Perejil picado	1 cucharada
Mayonesa	2 cucharadas
Huevos duros	2
Blanco de apio cortado fino	3 cucharadas
Nueces picadas o copos de trigo	Cant. nec.
Aceitunas rellenas o cerezas	Cant. nec.

Pinchar las tapas de empanaditas y cocinarlas en horno moderado sobre placa enmantecada y enharinada, de ambos lados para secarlas bien, durante 12 minutos. Mezclar el atún con el perejil, la mayonesa, los huevos duros picados y el apio.

Distribuir sobre 12 tapas y cubrir con el resto, formando los alfajores. Pasar los rebordes de los alfajores por las nueces o copos. Decorar la parte superior con un copete de mayonesa y una rodaja de aceituna rellena o una cereza.

✓ **Para completar el menú: "Pechugas de pollo granjeras".**
(Ver pág. 156)

15

Arrollado sin cocción

8 PORCIONES   NO HAY

12 MINUTOS   MUY FACIL

INGREDIENTES

Pan de sandwiches	6 rodajas
Mayonesa	5 cucharadas
Pechuga de pollo hervida y picada	1
Jamón	100 g
Morrones de lata	2
Huevos duros	2
Zanahoria rallada	1
Aceitunas verdes descarozadas	50 g

Acomodar el pan sobre papel metalizado formando una base rectangular y untar con mayonesa.

Mezclar la pechuga con el jamón picado, los morrones cortados en tiras, los huevos duros picados, la zanahoria, las aceitunas picadas y el resto de mayonesa.

Colocar sobre el pan, y con la ayuda del papel, arrollar.

Dejar el arrollado envuelto en el papel y llevar a la heladera por lo menos 1 hora.

Desenvolver, acomodar en una fuente y decorar con mayonesa, medallones de morrones y huevos duros.

Bordear con hojas de lechuga crespa u hojas de berro.

✔ **Para completar el menú: "Bucattini a la matriciana".**
(Ver pág. 96)

Manzanas rellenas agridulces

4 PORCIONES NO HAY

15 MINUTOS FACIL

INGREDIENTES

Manzanas Granny Smith	4
Jugo de limón	4 cucharadas
Atún	1 lata
Zanahoria rallada	1
Mayonesa	2 cucharadas
Pepinitos en vinagre picados	2 cucharadas
Jamón crudo	8 tajadas

Pelar las manzanas y ahuecarlas.
Rociar con jugo de limón la pulpa extraída y las manzanas, por dentro y por fuera.
Picar la pulpa y mezclarla con el atún escurrido, la zanahoria rallada, la mayonesa y los pepinos picados.
Distribuir dentro de las manzanas.
Envolverlas con las tajadas de jamón y acomodarlas sobre hojas de lechuga.

✓ **Para completar el menú: "Coditos a la puttanesca".**
(Ver pág. 99)

Medallones de jardinera

5 PORCIONES — 1 MINUTO

14 MINUTOS — MUY FACIL

INGREDIENTES

Jamón cocido	150 g
Jardinera	1 lata
Gelatina sin sabor	7 g
Jugo de limón	3 o 4 cucharadas
Mayonesa	3 cucharadas
Aceitunas negras	5 o 6
Huevos duros	2

Extender el jamón sobre el papel metalizado, formando un rectángulo.
Escurrir la jardinera.
Mezclar la gelatina con 3 o 4 cucharadas de jugo de limón, colocar sobre el fuego, revolviendo hasta que se caliente.
Agregar a la jardinera.
Añadir la mayonesa, las aceitunas descarozadas y los huevos duros picados gruesos.
Acomodar sobre el centro del jamón, formando un cilindro.
Levantar el jamón, cubriendo la jardinera y envolver con el papel.
Llevar a la heladera por lo menos 2 horas.
Servir cortado en rodajas.
Acompañar con ensalada de verdes.

✓ **Para completar el menú: "Spaghetti a la napolitana".**
(Ver pág. 107)

18

Panqueques de ricota

5 PORCIONES   20 MINUTOS

8 MINUTOS   FACIL

INGREDIENTES

Ricota	**300 g**
Huevos	**2**
Sal, pimienta y nuez moscada	**A gusto**
Harina	**200 g**
Manteca fundida	**30 g**
Leche	**4 cucharadas**

Mezclar la ricota con los huevos, condimentar con sal, pimienta y nuez moscada. Agregar la harina y la manteca fundida, alternando con la leche. Dejar reposar 20 minutos. Calentar una sartén o una panquequera pincelada con manteca, verter la pasta por cucharadas sin hacerla deslizar. Cocinar cada panqueque de un lado y luego del otro, apilarlos.

Nota: *Estos panqueques pueden servirse con jamón, hamburguesas, lomo de cerdo, salsas calientes o frías, espinacas a la manteca, champiñones salteados.*

✓ **Para completar el menú: "Sopa verde jade".**
(Ver pág. 66)

Pañuelitos de atún

10 PORCIONES   NO HAY

10 MINUTOS   MUY FACIL

INGREDIENTES

Pionono	1
Atún	1 lata
Mayonesa	4 cucharadas
Morrones picados	4 cucharadas
Aceitunas negras y verdes	50 g

Cortar el pionono en cuadrados del tamaño deseado.

Mezclar el atún bien escurrido con la mayonesa, los morrones y las aceitunas fileteadas.

Distribuir sobre cada porción de pionono y doblarlos, haciendo coincidir dos vértices, dándoles forma de pañuelitos.

Sujetar con un palillo, pinchando 1 aceituna.

Acomodarlos sobre un lecho de juliana de hojas de repollo colorado, condimentado con una vinagreta preparada con sal, pimienta, 5 cucharadas de aceite, 2 cucharadas de aceto balsámico o vinagre y 3 cucharadas de pulpa de tomate.

✔ **Para completar el menú: "Tarta express de vegetales".**
(Ver pág. 213)

20

Papas rellenas con mousse de atún

4 PORCIONES   EL DE LAS PAPAS

15 MINUTOS   FACIL

INGREDIENTES

Papas medianas y parejas	4
Sal, pimienta y laurel	A gusto
Atún	1 lata chica
Mayonesa	2 cucharadas
Ají rojo picado	1 cucharada
Jamón crudo	8 tajadas

Lavar las papas y cocinarlas con cáscara en abundante agua con sal y una hoja de laurel. Cuando al pincharlas las papas están tiernas, escurrirlas, dejarlas entibiar y pelarlas. Con la ayuda de la cucharita de papas noisette, ahuecarlas.

Pisar la pulpa extraída y mezclarla con el atún desmenuzado, la mayonesa y el ají. Distribuir dentro de las papas, envolverlas en las tajadas de jamón y servirlas bien frías sobre hojas de lechuga crespa.

✓ **Para completar el menú: "Pechugas de pollo en gratín de calabaza y choclo". (Ver pág. 152)**

21

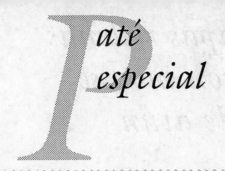

Paté especial

6 A 8 PORCIONES 45 MINUTOS

12 MINUTOS MUY FACIL

INGREDIENTES

Carne picada	**600 g**
Mortadela	**200 g**
Huevo	**1**
Gelatina sin sabor	**7 g**
Aceitunas verdes y negras	**8**

Pasar la mortadela por la máquina de picar carne. Mezclar muy bien con la carne picada, el huevo y la gelatina. Colocar la mitad de esta preparación sobre el papel metalizado aceitado y distribuir encima las aceitunas descarozadas. Cubrir con el resto de la preparación de carne, dándole forma de cilindro. Envolver en el papel. Colocar en asadera, con una base de 2 cm de agua y cocinar en horno moderado 45 minutos. Dejar enfriar, retirar el papel y cortar en rodajas. Acompañar con ensalada de hojas.

✔ **Para completar el menú: "Pastel de zanahorias".**
(Ver pág. 207)

Pionono de espinaca, ricota y nueces

8 PORCIONES   NO HAY

8 MINUTOS   MUY FACIL

INGREDIENTES

Pionono	1
Espinaca hervida	1 taza
Ricota	250 g
Mayonesa	1 taza
Nueces picadas	3 cucharadas
Queso gruyère o similar rallado	2 cucharadas

Extender el pionono.
Mezclar la espinaca hervida,
bien exprimida y picada,
con la ricota, 2 cucharadas
de mayonesa, las nueces
y el queso rallado.
Distribuir sobre el
pionono y arrollar.

Untar la parte exterior
del pionono con el resto
de mayonesa.
Gratinar unos minutos
para entibiar.
Nota: La mayonesa
comprada puede gratinarse
porque no se derrite.

✓ **Para acompañar el menú: "Postas de salmón en salsa de hongos". (Ver pág. 137)**

Rollos de jamón, roquefort y ciruelas

4 PORCIONES   NO HAY

10 MINUTOS   MUY FACIL

INGREDIENTES

Jamón cocido	200 g
Queso roquefort	450 g
Queso blanco	200 g
Ciruelas negras descarozadas	Cant. nec.

Extender el jamón sobre papel metalizado formando 2 o 3 rectángulos.

Pisar el queso roquefort con el queso blanco, condimentar con un toque de pimienta.

Acomodar la mezcla de quesos en los extremos de cada rectángulo sobre uno de los lados más pequeños.

Introducir en el queso las ciruelas en fila.

Arrollar el jamón, formando cilindros, envolver en el papel metalizado y llevar al congelador por lo menos 2 horas.

Servir cortado en porciones y acompañado por una ensalada fresca.

Sugerencia: *Se puede cortar en rodajitas de 2 cm y utilizarlas para copetín.*

✓ **Para completar el menú: "Malfatti de espinacas con salsa rosada". (Ver pág. 101)**

24

Entradas calientes

Arrollados merengados de espinaca

10 PORCIONES  20 MINUTOS

20 MINUTOS 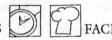 FACIL

INGREDIENTES

Tapa de pascualina rectangular	1 paquete
Cebolla	1
Manteca	30 g
Espinacas hervidas, exprimidas y picadas	2 tazas
Queso rallado	3 cucharadas
Ricota	350 g
Jamón	100 g
Sal, pimienta y nuez moscada	A gusto
Claras	3
Azúcar	3 cucharadas

Afinar los rectángulos de masa con ayuda de un palote.
Rehogar la cebolla picada en la manteca, agregar la espinaca, saltearla y mezclar con el queso rallado, la ricota y el jamón picado.
Condimentar con sal, pimienta de molinillo y un toque de nuez moscada.
Distribuir el relleno sobre las dos masas y arrollarlas.
Cortar porciones del tamaño deseado, acomodarlas sobre una placa enmantecada y cocinar en horno caliente 12 minutos.
Batir las claras con el azúcar hasta obtener un merengue firme.
Acomodar una porción de merengue sobre cada arrollado y gratinar en horno caliente

de 7 a 8 minutos, hasta dorar. Servir tibios.

Sugerencia: *Para utilizarlos como bocaditos para copetín, arrollar por el lado del* rectángulo más largo. De esta manera, el diámetro del rollo será más pequeño, cortar las porciones y seguir las indicaciones de la receta.

✓ **Para completar el menú: "Sopa de tomate Costa Brava".**
(Ver pág. 62)

Blinis de papa

❀ ❀

6 PORCIONES   25 MINUTOS

18 MINUTOS   ELABORADA

INGREDIENTES

Puré de papas en copos	**1 paquete**
Huevos	**2**
Yemas	**2**
Harina leudante	**150 g**

Preparar el puré con 650 g de agua hirviendo con sal, 30 g de manteca y 1/2 vaso de leche, dejar enfriar y mezclar con los huevos, las yemas y la harina, dejar reposar 20 minutos. Calentar en una sartén o panquequera 1 cucharadita de manteca, cocinar los blinis colocando porciones de la preparación y, sin deslizarlos, cocinarlos de un lado y del otro.

Servirlos con champiñones al jamón.

Champiñones al jamón

Cortar en láminas 300 g de champiñones. Saltearlos en 40 g de manteca y 150 g de jamón crudo cortado en juliana. Condimentar con sal y pimienta de molinillo. Cocinar 3 minutos y rociar con 100 g de crema y 3 cucharadas de queso gruyère rallado

✓ **Para completar el menú: "Lenguados a la nuez". (Ver pág. 129)**

Cajas pebetes sorpresa

4 PORCIONES   12 MINUTOS

8 MINUTOS   MUY FACIL

INGREDIENTES

Pancitos pebetes	4
Leche	1 vaso
Salsa pomarolla	4 cucharadas
Jamón	50 g
Huevos	4
Sal	Cant. nec.
Manteca	25 g

Cortar la película superior de los pancitos, ahuecarlos y humedecerlos por dentro y por fuera con la leche. Rellenar los huecos de los panes con la salsa y el jamón picado. Cascar un huevo sobre cada pancito, condimentar con sal y colocar encima trocitos de manteca. Llevar a horno bien caliente 12 minutos. La clara debe resultar cocida, la yema jugosa y el pan crocante.

✓ **Para completar el menú: "Filetes de merluza con salsa de mar". (Ver pág. 128)**

Canapés de champiñones y albahaca

4 PORCIONES   12 MINUTOS

12 MINUTOS   MUY FACIL

INGREDIENTES

Pan lácteo	8 rodajas
Manteca	40 g
Champiñones	300 g
Sal y pimienta blanca de molinillo	A gusto
Aceite de oliva	2 cucharadas
Albahaca fresca picada	2 cucharadas

Descortezar el pan y freírlo ligeramente en la manteca. Limpiar los champiñones, cortarlos en láminas no demasiado finas y cocinarlos ligeramente en la manteca restante, deben estar cocidos pero firmes, condimentarlos con sal y un toque de pimienta. Distribuir los champiñones sobre las tostadas, rociar con el aceite de oliva y salpicar con la albahaca.

Nota: Se puede enriquecer la preparación incorporando jamón crudo o cocido cortado en juliana, o cubrir los canapés con mozzarella rallada y gratinarlos en el momento de servir.

✓ **Para completar el menú: "Ñoquis de zanahoria".** (Ver pág. 104)

31

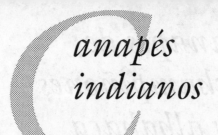

Canapés indianos

8 CANAPES   10 MINUTOS

15 MINUTOS   MUY FACIL

INGREDIENTES

Pan lácteo	**8 rodajas**
Manteca	**2 cucharaditas**
Mostaza	**1 cucharadita**
Jamón crudo	**8 tajadas**
Huevos duros	**8**
Crema de leche	**200 g**
Sal y pimienta	**A gusto**
Curry	**1 cucharadita colmada**
Fécula de maíz	**1 cucharadita**

Descortezar el pan y untarlo con la manteca pisada con la mostaza.
Tostarlo en el horno o grill.
Distribuir sobre cada tostada una tajada de jamón doblada por la mitad y acomodar encima los huevos duros cortados en cuartos.
Colocar sobre el fuego la crema de leche, condimentada con sal, pimienta y curry, agregar la fécula de maíz, revolviendo unos segundos.
Salsear los canapés y servir tibios.

✓ **Para completar el menú: "Hígados de pollo frutados".**
(Ver pág. 148)

32

Croquetas de papa y roquefort

* *

4 A 6 PORCIONES EL DE LA FRITURA

18 MINUTOS FACIL

INGREDIENTES

Agua	**650 cc**
Manteca	**300 g**
Queso roquefort	**250 g**
Leche	**1 vaso**
Sal y pimienta	**A gusto**
Puré en copos	**1 caja**
Nueces picadas	**3 cucharadas**
Huevos	**2**
Pan rallado	**Cant. nec.**
Aceite	**Para freír**

Colocar el agua con la manteca y el roquefort cortado en trocitos sobre fuego. Cuando la preparación rompe el hervor y el roquefort comienza a derretirse, retirar del fuego. Añadir la leche y condimentar con sal y pimienta.

Agregar el puré en copos y las nueces, mezclar y dejar entibiar. Tomar porciones, formar esferitas, pasarlas por pan rallado, luego por los huevos batidos y nuevamente por pan rallado. Freírlas en abundante aceite caliente.

✓ **Para completar el menú: "Sopa de calabaza en croute".** (Ver pág. 60)

Emparedados de lomito sin pan

4 PORCIONES   12 MINUTOS

18 MINUTOS   FACIL

INGREDIENTES

Lomito ahumado	8 tajadas de 1/2 cm de espesor
Leche	250 cc
Manteca	25 g
Harina	2 cucharadas
Sal, pimienta y nuez moscada	A gusto
Queso rallado	2 cucharadas
Huevos	2
Pan rallado	2 tazas
Manteca y aceite	Para freír

Colocar en un recipiente la leche, la manteca, las dos cucharadas de harina al ras y cocinar, revolviendo siempre, hasta que rompa el hervor y tome la consistencia de una crema. Condimentar con poca sal, pimienta y nuez moscada y agregar el queso. Distribuir sobre la mitad de las tajadas de lomito y cubrir con las restantes. Pasarlas primero por pan rallado, luego por los huevos batidos y por último por pan rallado. Freír en una mezcla de manteca y aceite caliente. También se pueden cocinar sobre una placa aceitada en horno bien caliente. Acompañar con ensalada de tomates.

✓ **Para completar el menú: "Flan de espinacas y choclo".**
(Ver pág. 199)

Emparedados de pan lácteo y pan integral

8 EMPAREDADOS   EL DE LA FRITURA

20 MINUTOS   FACIL

INGREDIENTES

Pan lácteo y pan integral	**16 rodajas**
Leche	**400 cc**
Manteca	**30 g**
Harina	**2 cucharadas**
Sal, pimienta y nuez moscada	**Cant. nec.**
Queso rallado	**2 cucharadas**
Jamón	**100 g**
Queso fresco	**200 g**
Espinacas hervidas y exprimidas	**2 tazas**
Huevos	**3**
Aceite	**Para freír**

Descortezar el pan, remojarlo ligeramente en leche por un solo lado. Colocar el resto de leche en un recipiente con la manteca y la harina. Cocinar, revolviendo hasta formar una crema, condimentar con poca sal, pimienta, nuez moscada y queso rallado. Distribuir esta salsa sobre la mitad de las rodajas de pan lácteo y sobre la mitad de las de pan integral. Colocar encima de las rodajas de pan lácteo las tajadas de jamón y 4 rodajas de queso fresco. Cubrir con el resto de pan

35

lácteo y ajustar ligeramente.
Sobre las rodajas de
pan integral cubiertas con la
salsa, acomodar las espinacas,
colocar encima el resto de queso
fresco, tapar con el resto
de pan integral y ajustar.

Pasar los emparedados por los
huevos batidos, condimentados
con sal y pimienta.
Freírlos en aceite caliente
hasta dorarlos.
Escurrirlos sobre papel,
servirlos calientes.

✓ **Para completar el menú: "Ensalada Triana de porotos".**
(Ver pág. 218)

36

Jamón al borgoña

4 PORCIONES · 30 MINUTOS

15 MINUTOS · MUY FACIL

INGREDIENTES

Jamón cocido	4 tajadas de 150 g c/u
Vino borgoña o similar	2 vasos
Clavo de olor	2
Laurel	1 hoja
Pimienta en grano	1 cucharada
Crema de leche	200 g
Champiñones	200 g
Manteca	25 g
Sal	A gusto

Acomodar las tajadas de jamón en una fuente para horno, rociar con el vino, agregar los clavos de olor, el laurel y la pimienta.

Tapar la fuente con papel metalizado y cocinar en horno moderado 20 minutos.

Filtrar el jugo de la cocción del jamón, agregar la crema, condimentar con sal, calentar y mezclar con los champiñones cortados en láminas finas y salteados en la manteca.

Distribuir en los platos y acomodar encima las tajadas de jamón.

Servir tibio.

✔ Para completar el menú: "Pastel de cebollas azucarado". (Ver pág. 203)

Medallones de lomito rellenos

4 PORCIONES   15 MINUTOS

12 MINUTOS   MUY FACIL

INGREDIENTES

Medallones de pan lácteo	**4**
Lomito ahumado	**4 rodajas de 1 cm de espesor**
Puré en copos	**2 tazas**
Salsa pomarolla	**4 cucharadas**
Arvejas	**4 cucharadas**
Cubos de queso fresco	**4**

Tostar ligeramente los medallones de pan. Acomodar sobre cada uno de ellos una rodaja de lomito. Levantar un zócalo sobre los lomitos con el puré en copos. Rellenar el hueco con la salsa y las arvejas.

Acomodar los cubos de queso y cocinar en horno moderado 15 minutos.

Nota: *Se pueden reemplazar las arvejas por espinacas salteadas en manteca o utilizar la salsa pomarolla y cascar un huevo en cada hueco.*

✔ **Para completar el menú: "Sopa cantonesa". (Ver pág. 58)**

Pastelitos express

12 PASTELITOS   EL DE LA FRITURA

20 MINUTOS   MUY FACIL

INGREDIENTES

Tapas de pastelitos	1 paquete
Queso para rallar, en un trozo	150 g
Queso fresco, en un trozo	150 g
Huevos duros	2
Tomate	1
Aceitunas verdes	8
Perejil y albahaca picados	2 cucharadas
Huevo	1
Aceite	Para freír

Separar las tapas.
Cortar en 12 trocitos el queso para rallar y el queso fresco.
Cortar en trozos los huevos duros y el tomate, filetear las aceitunas.
Distribuir sobre 12 tapas queso para rallar, queso fresco, huevo duro, tomate y aceitunas, condimentar con poca sal, perejil y albahaca.
Pincelar con huevo el reborde de la masa y cubrir con otra tapa.
Ajustar, levantando los extremos.
Freír los pastelitos en aceite hasta que se doren.
Escurrirlos, espolvorearlos con sal y servirlos calientes.

✔ **Para completar el menú: "Pechugas de pollo en salsa de ananás".**
(Ver pág. 154)

Puerros en croute con salsa roja

4 PORCIONES   20 MINUTOS

15 MINUTOS   MUY FACIL

INGREDIENTES

Puerros medianos	16
Panceta ahumada	100 g
Morrones en lata	3
Ajo	1 diente
Sal, pimienta y páprika	A gusto
Crema de leche	200 g
Queso gruyère o similar	3 cucharadas

Limpiar los puerros, dejando parte de las hojas verdes. Cocinarlos en agua con sal y cuando estén tiernos, escurrirlos. Envolverlos en forma de espiral con tiritas de panceta. Acomodarlos en una fuente para horno enmantecada.

Colocar en el vaso de la licuadora los morrones, el ajo, la crema, sal, pimienta y cucharadita de páprika. Licuar unos segundos y verter sobre los puerros. Espolvorear con el queso y llevar a horno moderado 20 minutos.

✔ **Para completar el menú: "Escalopes 10 minutos".**
(Ver pág. 177)

Sandwiches calientes de tomate y mozzarella

4 PORCIONES EL DE LA FRITURA

10 MINUTOS MUY FACIL

INGREDIENTES

Tomates bien firmes	2
Sal, pimienta	Cant. nec.
Aceite de oliva	Cant. nec.
Mozzarella	200 g
Albahaca picada	1 cucharada
Harina	2 cucharadas
Pan rallado	2 tazas
Manteca	50 g

Cortar los tomates en rodajas de 1 cm de espesor. Condimentarlos con sal, pimienta y unos hilos de aceite de oliva. Cortar la mozzarella en rodajas. Armar los sandwiches, colocando entre dos rodajas de tomate una de mozzarella salpicada con albahaca picada. Pasar los sandwiches por harina, sobre todo los bordes, y luego por pan rallado. Ajustarlos ligeramente y freírlos en la manteca hasta dorarlos. Servirlos tibios, con una ensalada de verdes.

✓ Para completar el menú: "Gigot con croute crocante". (Ver pág. 178)

Huevos

Diferentes formas de cocinar huevos

Huevos pasados por agua

Cocinar en agua hirviendo con sal, 3 minutos después que retoma el hervor.

Huevos duros

Cocinar en agua hirviendo con sal, 10 minutos después que retoma el hervor, sacar y colocarlos en agua fría para poder pelarlos sin dificultad.

Huevos pochés

Cocinar el huevo cascado en agua hirviendo con 2 o 3 cucharadas de vinagre, durante 2 a 3 minutos. Escurrirlos con espumadera sobre un lienzo y recortar las rebarbas de la clara.

Huevos mollets

Cocinar en agua hirviendo con sal 4 a 5 minutos. Escurrir y colocar en agua fría. Pelar con cuidado, la clara debe quedar cocida y la yema, blanda.

Cazuelitas de huevos en salsa de mar

4 PORCIONES   8 MINUTOS

12 MINUTOS   FACIL

INGREDIENTES

Huevos	4
Atún	1 lata
Crema de leche	200 g
Perejil	2 cucharadas
Fécula de maíz	2 cucharaditas
Leche	200 cc
Camarones	200 g
Sal, pimienta, nuez moscada	Cant. nec.

Cocinar los huevos en agua hirviendo con sal durante 5 minutos, escurrirlos y colocarlos en agua fría. Pelarlos con cuidado. Mezclar el atún con la crema, el perejil, la fécula y la leche. Condimentar con nuez moscada y un toque de pimienta. Cocinar, revolviendo hasta que rompa el hervor y agregar los camarones. Distribuir los huevos en 4 cazuelitas y cubrir con la salsa. Gratinar en el momento de servir.

✓**Para completar el menú: "Pollo frito a la americana".**
(Ver pág. 165)

Huevos a la flamenca

4 PORCIONES   10 A 12 MINUTOS

12 MINUTOS   FACIL

INGREDIENTES

Cebolla	1
Ajo	1 diente
Aceite	3 cucharadas
Ají rojo	1
Tomate	1 lata
Sal y pimienta	A gusto
Azúcar	1 pizca
Chorizo colorado	8 rodajas
Arvejas	1 lata
Huevos	4

*Rehogar en aceite la cebolla
y el ajo picados.
Agregar el ají cortado
en tiras y saltear.
Añadir el tomate, condimentar
con sal, pimienta
y una pizca de azúcar.*

*Agregar el chorizo y las
arvejas, cocinar 5 minutos.
Cascar los huevos y seguir
cocinando hasta que las claras
estén coaguladas
y las yemas jugosas.*

✓ **Para completar el menú: "Peceto al leberwurst".**
(Ver pág. 187)

47

Huevos a la pizzaiola

4 PORCIONES — 8 A 10 MINUTOS

8 MINUTOS — MUY FACIL

INGREDIENTES

Huevos duros	**4**
Jamón o paleta	**4 tajadas**
Ajos	**2 dientes**
Aceite	**2 cucharadas**
Salsa al filetto	**1 lata**
Sal, pimienta, pimentón y orégano	**A gusto**
Alcaparras	**2 cucharadas**

Partir los huevos duros por la mitad. Envolver cada mitad en media tajada de jamón. Dorar los ajos en el aceite, retirarlos y agregar la salsa.

Condimentar con sal, pimienta, 1 cucharadita de pimentón y 1 de orégano, añadir las alcaparras. Acomodar los huevos y cocinar 8 a 10 minutos.

✓ **Para completar el menú: "Peceto en bolsa con salsa de cebolla".**
(Ver pág. 190)

Huevos a la provenzal

4 PORCIONES 15 MINUTOS

12 MINUTOS MUY FACIL

INGREDIENTES

Tomates	4
Ajo	1 diente
Cebolla	1
Aceite	3 cucharadas
Perejil y albahaca picados	2 cucharadas
Sal y pimienta	A gusto
Jamón crudo	100 g
Huevos	4

Sumergir unos segundos los tomates en agua hirviendo. Escurrirlos, pelarlos, partirlos por la mitad y estrujarlos ligeramente. En una sartén rehogar en aceite el ajo y la cebolla picados. Agregar los tomates, saltearlos de ambos lados y espolvorear con perejil, albahaca, poca sal y un toque de pimienta blanca. Añadir el jamón cortado en juliana y cascar los huevos. Cocinar hasta que la clara esté cocida y las yemas tiernas.

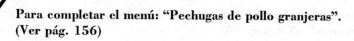 Para completar el menú: "Pechugas de pollo granjeras".
(Ver pág. 156)

Huevos a la siciliana

4 PORCIONES   15 MINUTOS

6 MINUTOS   MUY FACIL

INGREDIENTES

Huevos	**4**
Tomates	**2**
Sal, pimienta y albahaca	**Cant. nec.**
Aceite de oliva	**2 cucharadas**
Aceitunas verdes	**50 g**
Anchoas	**4**
Mozzarella	**4 rodajas**

Cascar los huevos en cazuelitas individuales. Distribuir encima los tomates pasados por agua caliente, pelados y cortados en rodajas. Condimentar con poca sal, pimienta y albahaca picada.

Rociar con el aceite, colocar las aceitunas descarozadas y las anchoas picadas. Cubrir con la mozzarella y llevar a horno moderado 15 minutos.

✔ **Para completar el menú: "Cintas con espinacas, jamón y champiñones". (Ver pág. 98)**

Huevos en salsa de palta y camarones

4 PORCIONES   EL DE LOS HUEVOS

12 MINUTOS   MUY FACIL

INGREDIENTES

Huevos	4
Palta	1
Yema	1
Jugo de limón	2 cucharadas
Sal y pimienta	A gusto
Mostaza	1 cucharadita
Aceite	1 pocillo
Camarones	200 g

Colocar en una sartén un fondo de agua con 4 cucharadas de vinagre, hacer hervir y cascar los huevos, cocinarlos tratando de que la clara cubra la yema. Escurrirlos sobre un lienzo. Partir la palta, sacar el carozo y retirar la pulpa. Colocarla en la licuadora y agregar la yema, el jugo de limón, la sal, la pimienta y la mostaza. Licuar unos segundos y agregar el aceite en forma de hilo, a medida que se sigue licuando. Distribuir la salsa en los platos, salpicar con los camarones y acomodar los huevos pochés.

Sugerencia: Se pueden reemplazar los huevos pochés por huevos duros, cortados por la mitad o en cuartos.

✓ **Para completar el menú: "Milanesas rellenas nogadas".**
(Ver pág. 186)

Omelettes de champiñones y queso fontina fundido

2 PORCIONES   8 MINUTOS

10 MINUTOS   MUY FACIL

INGREDIENTES

Champiñones	200 g
Manteca	40 g
Huevos	4
Queso fontina fundido	150 g
Sal y pimienta blanca	A gusto

Cortar los champiñones en rodajas, saltearlos en 30 g de manteca y condimentar con sal y pimienta.

Batir 2 huevos, condimentar con sal y pimienta.

Calentar en una sartén el resto de la manteca, agregar los huevos y cocinar unos segundos.

Distribuir encima la mitad de los champiñones y la mitad del queso cortado en rodajitas finas.

Cuando los bordes de la omelette comienzan a dorarse, levantar la mitad y doblar en dos.

Servir bien caliente.

Nota: Las omelettes deben cocinarse en forma individual.

✔ Para completar el menú: "Atún en croute de panceta".
(Ver pág. 121)

Palmeras al jamón con huevos pochés

4 PORCIONES  6 MINUTOS

12 MINUTOS FACIL

INGREDIENTES

Palmeras de hojaldre	4
Mayonesa	4 cucharadas
Jamón cocido	4 rodajas
Hojas de lechuga	8
Tomate	1
Huevos	4
Salsa ketchup	2 cucharadas

Untar las palmeras ligeramente con mayonesa y acomodar encima el jamón doblado por la mitad, las hojas de lechuga sin la nervadura central y el tomate cortado en rodajas. Colocar en un recipiente agua con 3 o 4 cucharadas de vinagre y llevar al fuego. Cuando rompe el hervor, cascar los huevos y mover el agua para que la clara no se desintegre. Cocinar hasta que la clara coagule. Escurrir los huevos sobre un lienzo y dejarlos enfriar. Colocar los huevos sobre las palmeras, salsear con la mayonesa y decorar con hilos de salsa ketchup.

✓ **Para completar el menú: "Hamburguesas de arroz".**
(Ver pág. 115)

Revuelto gramajo express

4 PORCIONES   12 MINUTOS

8 MINUTOS   MUY FACIL

INGREDIENTES

Manteca	30 g
Cebolla	1
Jamón cocido o paleta	150 g
Papas pay	2 paquetes
Huevos	8
Sal y pimienta	A gusto

Rehogar en la manteca la cebolla picada, agregar el jamón picado, saltear y añadir las papas. Incorporar los huevos ligeramente batidos con una pizca de sal y un toque de pimienta.

Cocinar moviendo la preparación para conseguir que los huevos se cocinen pero que el revuelto quede jugoso. Servirlos sobre croutones de pan tostado o en cazuelitas individuales.

✓ Para completar el menú: "Empanada gallega de sardinas".
(Ver pág. 127)

54

Sopas

Potaje de papas express

6 PORCIONES 5 MINUTOS

10 MINUTOS MUY FACIL

INGREDIENTES

Cebolla	1
Manteca	30 g
Cubos de caldo de gallina	2
Puré en copos	1 paquete
Sal, pimienta y nuez moscada	A gusto
Tostadas de pan lácteo	6
Queso fresco	150 g
Huevos duros	3
Nueces picadas	6 cucharadas

Rehogar la cebolla picada en la manteca.
Agregar un litro de agua y los cubos de caldo; cuando rompe el hervor incorporar el puré de papas en copos, mezclar y añadir agua hirviendo hasta dar consistencia de sopa crema. Rectificar el sabor con sal, pimienta y un toque de nuez moscada.
Distribuir en boles o platos soperos las tostadas y cubrirlas con tajadas de queso fresco. Incorporar la sopa y espolvorear con los huevos duros picados y las nueces.

✔ Para completar el menú: "Medallones de lomo al borgoña".
(Ver pág. 185)

Sopa cantonesa

6 PORCIONES   12 MINUTOS

12 MINUTOS   FACIL

INGREDIENTES

Zanahorias	**4**
Puerros	**2**
Papa	**1**
Ají rojo	**1/2**
Manteca	**40 g**
Cubos de caldo de ave	**2**
Salsa de soja	**2 cucharadas**
Sal y pimienta verde	**A gusto**
Huevos	**3**

Pasar por procesadora o rallador de verduras las zanahorias y la papa. Cortar los puerros en rodajas finas y el ají en cubos pequeños. Saltear todo en la manteca, agregar los cubos de caldo y un litro de agua caliente.

Cocinar 10 minutos, agregar la salsa de soja y rectificar el sabor con sal y pimienta. Batir los huevos. Incorporarlos sobre la sopa hirviente en forma de hilos, revolviendo para que se cocinen sin pegotearse entre sí.

✔ **Para completar el menú: "Hígados de pollo frutados".**
(Ver pág. 148)

Sopa crema express

4 PORCIONES NO HAY

5 MINUTOS MUY FACIL

INGREDIENTES

Papas hervidas	**3**
Zanahoria cruda	**1**
Cebolla chica	**1**
Cubos de caldo de carne o ave	**2**
Perejil picado	**2 cucharadas**
Apio	**Un trocito**

Colocar en el vaso de la licuadora o procesadora las papas, la zanahoria cortada en trozos, la cebolla, los cubos de caldo, el perejil y el apio.

Agregar 750 cc de agua caliente y licuar o procesar hasta obtener una crema. Servir espolvoreada con queso rallado.

✓ **Para completar el menú: "Supremas a la suiza".**
(Ver pág. 167)

Sopa de calabaza en croute

4 PORCIONES   18 MINUTOS

15 MINUTOS   MUY FACIL

INGREDIENTES

Puerro	1
Cubos de calabaza	3 tazas
Leche	300 cc
Cubos de caldo de verdura	2
Cebolla chica	1
Queso cuartirolo	150 g
Perejil picado	2 cucharadas
Tapas de empanadas	4
Huevo	1

Cocinar el puerro cortado en trozos con la calabaza, la leche, los cubos de caldo, la cebolla cortada y 600 cc. de agua Cuando todo está tierno, licuar y condimentar con sal y pimienta. Distribuir en 4 boles, espolvorear con el perejil y el queso cortado en cubos. Pincelar el reborde de los boles con huevo y ajustar en ellos las tapas de empanadas. Pincelar la superficie de la masa con huevo y cocinar en horno caliente hasta dorar la masa, aproximadamente 10 minutos.

✓ Para completar el menú: "Lenguados a la nuez". (Ver pág. 129)

Sopa de coliflor al azafrán

6 PORCIONES   20 MINUTOS

15 MINUTOS   FACIL

INGREDIENTES

Coliflor	1
Cebolla	1
Manteca	30 g
Azafrán en hebras	1 cucharadita
Papas	3
Cubos de caldo de ave	2
Crema de leche	100 g
Yemas	3
Sal y pimienta	A gusto

Separar la coliflor en ramitos. Rehogar la cebolla picada en la manteca, agregar el azafrán y saltearlo. Incorporar los ramitos de coliflor, reservando 6, añadir las papas cortadas en cubos, el caldo y 1 litro de agua. Cocinar 20 minutos y pasar por procesadora o licuadora. Rectificar el sabor con sal y pimienta.

Batir ligeramente la crema con las yemas y verter lentamente la sopa, revolviendo con batidor. Servir en boles, decorando cada uno de ellos con los ramitos de coliflor que habíamos reservado, hervidos en agua con sal.

Nota: Se puede reemplazar el azafrán en hebras por azafrán en polvo o condimento para arroz.

✓ **Para completar el menú: "Peceto con dos salsas". (Ver pág. 188)**

Sopa de tomate Costa Brava

6 PORCIONES   12 MINUTOS

15 MINUTOS   FACIL

INGREDIENTES

Sopa crema de tomate	1 lata
Leche	500 cc
Filetes de merluza	250 g
Camarones	200 g
Manteca	30 g
Sal y pimienta blanca de molinillo	A gusto
Perejil picado	2 cucharadas

Mezclar la sopa crema de tomate con 500 cc de leche y 500 cc de agua. Agregar los filetes sin espinas cortados en trozos. Cocinar, revolviendo hasta que rompa el hervor y se forme una crema. Pasar por tamiz o licuadora o procesadora. Saltear los camarones en la manteca. Rectificar el sabor de la sopa con sal y pimienta. Servir en boles y distribuir encima de la sopa los camarones y el perejil picado.

✓ Para completar el menú: "Cilindro de arroz". (Ver pág. 113)

Sopa dinamarquesa de mejillones

6 PORCIONES · 8 MINUTOS

7 MINUTOS · MUY FACIL

INGREDIENTES

Puerros	3
Manteca	30 g
Merluza	400 g
Cubos de caldo de verdura	2
Sal y pimienta blanca de molinillo	A gusto
Jerez	5 cucharadas
Mejillones al natural	1 lata
Perejil picado	2 cucharadas
Cubos de pan	2 tazas
Aceite	Para freír

Cortar los puerros en rodajas y saltearlos en la manteca. Agregar el pescado sin espinas, los cubos de caldo y 1 litro de agua hirviendo. Cocinar 7 a 8 minutos. Licuar, colocar nuevamente sobre el fuego y condimentar con sal y pimienta. Añadir los mejillones, el agua de los mismos, el jerez y el perejil. Calentar y servir con los cubos de pan fritos en el aceite.

✓ **Para completar el menú: "Gratín de chauchas al jamón".** (Ver pág. 200)

63

Sopa gratinada de crema de queso

6 PORCIONES   **15 MINUTOS**

10 MINUTOS   **FACIL**

INGREDIENTES

Sopa crema de queso	1 paquete
Cebolla mediana	1
Manteca	30 g
Rodajas de pan integral	6
Huevos	6
Pimienta negra de molinillo	A gusto
Queso gruyère rallado	3 cucharadas

Preparar la sopa crema de queso siguiendo las indicaciones del envase pero utilizando 200 cc menos de agua, para obtener una sopa más espesa.
Cortar la cebolla por la mitad y luego en aros finos, saltearla en la manteca.
Acomodar en boles que puedan llevarse al horno las rodajas de pan integral tostadas.
Distribuir encima la cebolla y condimentar con un toque de pimienta.
Cascar en cada una un huevo y verter la sopa.
Espolvorear con el queso y gratinar en horno caliente 8 minutos.

✔ **Para completar el menú: "Ensalada Luciana de Ibiza".**
(Ver pág. 249)

◄ EMPAREDADOS DE PAN LACTEO
Y PAN INTEGRAL

▼ HUEVOS A LA FLAMENCA

▲ SOPA REFRESCANTE FRUTADA

◄ SOPA VERDE JADE

◀ HAMBURGUESAS DE ARROZ

▼ PIZZA DE MASA DE PAPA

◄ CINTAS CON ESPINACAS, JAMON Y CHAMPIÑONES

▼ BUCATTINI A LA MATRICIANA

Sopa refrescante frutada

6 PORCIONES   NO HAY

10 MINUTOS   MUY FACIL

INGREDIENTES

Tomates maduros	3
Pepino	1
Melón en cubos	2 tazas
Albahaca	1 cucharada
Ajo	1 diente
Vinagre de manzana	3 cucharadas
Sal y pimienta	A gusto
Agua helada	750 cc
Cubos de pan tostados	A gusto

Cortar en trozos los tomates y el pepino pelado.
Añadir los cubos de melón.
Colocarlos en el vaso de la licuadora o procesadora, agregar la albahaca, el ajo, el vinagre, la sal, la pimienta blanca de molinillo y el agua.
Licuar o procesar y pasar por filtro.
Rectificar el sabor y mantener en heladera.
Servir bien fría con hojitas de albahaca y cubos de pan tostados.

✓ **Para completar el menú: "Pollo a la scarpetta". (Ver pág. 161)**

Sopa verde jade

6 PORCIONES   12 MINUTOS

12 MINUTOS   FACIL

INGREDIENTES

Cebolla	1
Manteca	30 g
Zapallitos preferentemente largos	1/2 kg
Papa mediana	1
Cubos de caldo de carne	2
Albahaca picada	2 cucharadas
Sal y pimienta	A gusto
Queso blanco	6 cucharadas
Queso sardo rallado	6 cucharadas

Rehogar en la manteca la cebolla picada.
Agregar los zapallitos y la papa, rallados con rallador de verdura o pasados por procesadora
Saltear y agregar los cubos de caldo, 1 litro de agua y la albahaca.
Cocinar 12 minutos y rectificar el sabor con sal y pimienta.
Si fuera necesario aligerar la sopa, añadir más agua hirviendo.
Servir en boles, agregar una cucharada de queso blanco y espolvorear con una cucharada de queso rallado sobre cada porción.

✔ Para completar el menú: "Pizzetas fritas". (Ver pág. 91)

Masas básicas

Crêpes fáciles

Harina	200 g
Huevos	3
Yemas	2
Sal	1 pizca
Leche	450 cc
Manteca fundida	25 g

Licuar la harina con los huevos, las yemas, la sal, la leche y la manteca fundida y fría.

Dejar reposar la pasta por lo menos 20 minutos y utilizar.

Nota: Con la cantidad de ingredientes indicados se pueden hacer, según el tamaño, de 20 a 24 crêpes.

Sugerencias: Si el relleno es salado, se puede variar el sabor y el color de las crêpes añadiendo a la preparación de la masa 2 cucharadas de espinacas hervidas, bien exprimidas y picadas o procesadas.

Otra opción es agregar 2 cucharadas de remolachas hervidas, ralladas o procesadas.

Si el relleno es dulce, se puede cambiar el sabor y el color de las crêpes reemplazando en la mezcla de la masa una cucharada de harina por una de cacao.

Masa brisé
para tartas dulces o masas secas

INGREDIENTES

Azúcar	100 g
Manteca	200 g
Yema grande	1
Esencia de vainilla	1 cucharadita
Harína	300 g

Batir el azúcar con la manteca hasta obtener una crema. Agregar la yema, la esencia y la harina. Tomar la masa sin amasar. Dejar descansar envuelta en la heladera por lo menos 1 hora antes de utilizar.

Nota: Como es una masa muy tierna conviene, después de sacarla de la heladera, colocar el bollo directamente sobre la tartera y extender con los dedos.

Masa de aceite

para pasteles, tartas y arrollados salados

INGREDIENTES

Aceite	1/2 taza
Harina leudante	2 tazas
Sal y pimienta	Cant. nec.
Azafrán o pimentón	1 cucharadita
Agua hirviendo	1 taza

Colocar en un bol el aceite y la harina.

Condimentar con sal y pimienta, agregar 1 cucharadita de alguno de los condimentos para colorear la masa.

Incorporar el agua hirviendo y mezclar con cuchara de madera o en batidora o procesadora.

Colocar sobre la mesada y espolvorear con harina.

Dejar entibiar y utilizar.

Nota: El azafrán o el pimentón se pueden reemplazar por condimento para arroz.

Masa de hojaldre rápido

para empanadas o discos

* *

INGREDIENTES

Harina leudante	400 g
Sal	1 cucharadita
Jugo de limón	2 cucharadas
Manteca	250 g
Agua helada	5 a 6 cucharadas

Desmigar en un bol la harina con la sal, el jugo de limón y la manteca fría, hasta formar un granulado.

Agregar el agua.

Tomar la masa con una cuchara de madera, colocar sobre la mesada y estirar hacia adelante y hacia atrás hasta formar un rectángulo.

Doblar en 3 partes.

Colocar los 3 dobleces hacia el frente del que amasa, volver a estirar y doblar 2 veces más.

Colocar tapada en heladera 20 minutos, volver a estirar y doblar 2 veces más.

Llevar tapada a la heladera por lo menos 2 horas antes de utilizar.

Nota: Esta masa se adapta a rellenos dulces o salados.

Masa de pizza express

para pizza a la piedra

✶ ✶

INGREDIENTES

Levadura de cerveza	25 g
Agua tibia	175 cc
Azúcar	1/2 cucharadita
Harina	300 g
Sal	1 cucharadita
Aceite	1 cucharada
Manteca	20 g
Salsa de tomate	Cant. nec.

*Licuar o procesar la levadura
con el agua y el azúcar.
Agregar la harina con la sal,
el aceite y la manteca
a temperatura ambiente.
Amasar y estirar
a lâ medida de la pizzera.
Espolvorear con harina la base
del molde y acomodar la masa.
Untarla con salsa de tomate
y dejar leudar 5 minutos.
Cocinar en horno caliente
20 minutos.
Colocar la cubierta deseada
y gratinar.*

Masa hojaldrada con vino blanco
para tartas y pasteles salados

INGREDIENTES

Vino blanco	150 cc
Manteca	150 g
Sal	1 cucharadita
Harina leudante	300 g

*Calentar el vino, retirar
del fuego y mezclar con
la manteca hasta derretirla.*

*Agregar la sal con la harina.
Tomar la masa, dejar
reposar 20 minutos y utilizar.*

Masa hojaldrada de queso blanco

para empanadas, tartas saladas o dulces

INGREDIENTES

Manteca	150 g
Queso blanco	150 g
Sal	A gusto
Harina	300 g

Colocar en un bol la manteca, el queso blanco, la sal y la harina. Desmigar con ayuda de un desmigador, hasta que la harina absorba los ingredientes húmedos. Tomar la mezcla con las manos y sin amasar, unir formando un bollo. Colocar la masa envuelta en la heladera por lo menos 30 minutos. Estirar luego hacia adelante y hacia atrás y doblar en tres partes. Colocar los tres dobleces hacia el frente del que amasa y repetir 2 veces más. Llevar nuevamente a heladera 1 hora y utilizar.

Masa para horno igual a los discos comprados

para empanadas o tartas

INGREDIENTES

Harina	500 g
Sal	1 cucharadita
Margarina o grasa	125 g
Agua	170 cc

Mezclar la harina con la sal, 100 g de margarina a temperatura ambiente y el agua natural.

Tomar la masa, amasar y estirar de 1/2 cm de espesor. Untarla con el resto de margarina, espolvorearla con harina y doblarla en tres partes.

Estirarla de 3 a 4 mm de espesor y cortar con cortapasta las tapas para empanadas, o dos discos grandes si se utiliza la masa para tartas o pasteles.

Masa soufflé express

para empanadas fritas

INGREDIENTES

Harina	500 g
Sal	1 cucharadita
Azúcar	1 cucharadita
Levadura de cerveza	1 cucharada
Manteca	50 g
Huevo	1
Agua tibia	250 cc

Mezclar la harina con la sal, el azúcar y la levadura. Incorporar la manteca a temperatura ambiente, el huevo y el agua tibia. Tomar la masa con cuchara de madera, amasarla ligeramente y estirarla. Cortar medallones y armar las empanadas con el relleno elegido. Cocinarlas al principio en aceite no demasiado caliente, subir la temperatura hasta dorarlas. Escurrirlas sobre papel y espolvorearlas con sal o azúcar.

Pizzas para todos los gustos

Calzone napolitano

6 A 8 PORCIONES — 20 MINUTOS

15 MINUTOS — FACIL

INGREDIENTES

Bollo de masa de pizza	300 g
Ricota	250 g
Huevo	1
Sal y pimienta	A gusto
Salame picado fino	200 g
Longaniza calabresa	200 g
Mozzarella	200 g
Queso sardo rallado	4 cucharadas
Aceitunas verdes	50 g

Estirar la masa dándole forma de círculo.
Mezclar la ricota con el huevo, condimentar con sal y pimienta
Añadir el salame y la longaniza cortados en cubos pequeños.
Agregar la mozzarella, también cortada en cubos, el queso rallado y las aceitunas descarozadas.
Colocar la preparación anterior en la mitad de la masa y cubrir con la otra parte, formando una especie de empanada.
Hacer un repulgue para unir las dos masas.
Colocar sobre una placa aceitada.
Pincelar la superficie con aceite.
Dejar leudar 10 minutos.
Cocinar en horno caliente 20 minutos.

✓ **Para completar el menú: "Sopa cantonesa". (Ver pág. 58)**

*P*izza a la piedra

8 PORCIONES   28 MINUTOS

10 MINUTOS   MUY FACIL

INGREDIENTES

Agua tibia	175 cc
Levadura de cerveza	25 g
Aceite	1 cucharada
Sal	1 cucharadita
Manteca	20 g
Harina	300 g
Salsa de tomate	Cant. nec.
Mozzarella, aceitunas o anchoas	A gusto

Licuar el agua tibia con la levadura, el aceite, la sal y la manteca. Agregar la mitad de la harina y licuar unos segundos. Colocar en un bol y mezclar con el resto de la harina. Tomar la masa, que debe quedar tierna pero no pegarse en las manos, y estirarla del tamaño de la pizzera.

Enharinar la pizzera por la parte de afuera, acomodar la masa y dejarla descansar de 7 a 8 minutos. Pincelarla con salsa de tomate y cocinarla en horno bien caliente 18 minutos. Decorarla con mozzarella, jamón y aceitunas o anchoas. Llevarla nuevamente a horno caliente 8 a 10 minutos más.

✓ **Para completar el menú: "Ensalada tibia de hinojos".**
(Ver pág. 254)

Pizza con huevos fritos

8 PORCIONES		27 MINUTOS
15 MINUTOS		FACIL

INGREDIENTES

Bollo de masa de pizza	**1**
Salsa al filetto	**1taza**
Salchichas de Viena	**8**
Arvejas	**1 lata**
Queso fresco	**200 g**
Huevos fritos	**1 por comensal**
Perejil picado	**2 cucharadas**
Sal, pimienta, albahaca y orégano	**A gusto**

Estirar la masa de pizza y precocinarla 12 a 15 minutos. Mezclar la salsa condimentada con sal, pimienta, orégano y albahaca con las salchichas cortadas en rodajas y las arvejas. Distribuir sobre la pizza, agregar el queso cortado en cubos y cocinar en horno caliente 12 minutos. Acomodar en lo que sería cada porción de pizza un huevo frito. Espolvorear con el perejil y servir bien caliente.

✓ **Para completar el menú: "Sopa de coliflor al azafrán".
(Ver pág. 61)**

Pizza de espinacas a la crema

8 PORCIONES   22 MINUTOS

25 MINUTOS   ELABORADA

INGREDIENTES

Masa

Espinacas o acelgas cocidas	3 cucharadas
Sal, pimienta y nuez moscada	1 cucharadita
Azúcar	1 cucharadita
Levadura de cerveza	25 g
Leche tibia	140 cc
Aceite	1 cucharada
Harina	325 g

Colocar en el vaso de la licuadora las espinacas o acelgas cocidas, la sal, el azúcar, la levadura y la leche tibia, licuar y dejar espumar unos segundos. Verter en un bol, agregar el aceite y la harina. Tomar la masa y amasar bien. Dejar leudar la masa, tapada, en un lugar tibio. Cuando haya aumentado el doble de su volumen, estirarla y acomodarla en una pizzera aceitada de 26 a 28 cm de diámetro.

Pincelar con aceite la parte superior de la masa y cocinar en horno caliente 12 minutos.

Para la cubierta

Cocinar 300 cc de leche con 30 g de manteca y 1 1/2 cucharada de harina, revolviendo siempre hasta que rompa el hervor y tome consistencia cremosa. Condimentar con sal, pimienta

y nuez moscada.
Agregar 2 tazas de espinacas
o acelgas hervidas, exprimidas
y picadas, y 4 cucharadas de
queso gruyère o similar rallado.
Acomodar sobre la pizza
y cubrir con 200 g de
mozzarella cortada en cubitos.
Rociar con 1 cucharada
de aceite de oliva
y llevar nuevamente a horno
caliente 8 a 10 minutos.

✔ Para completar el menú: "Matambritos de carne". (Ver pág. 183)

Pizza de jamón y palmitos con mayonesa

8 PORCIONES   25 MINUTOS

15 MINUTOS   FACIL

INGREDIENTES

Bollo de masa de pizza	1
Salsa al filetto	5 cucharadas
Jamón cocido	100 g
Tomates	2
Sal, pimienta y albahaca	A gusto
Aceite de oliva	2 cucharadas
Palmitos	6
Aceitunas negras	50 g
Mayonesa	6 cucharadas

Estirar la masa de pizza. Cubrirla con la salsa al filetto y precocinarla 12 minutos. Acomodar encima el jamón y los tomates cortados en rodajas finas. Condimentar con sal, pimienta, albahaca picada y rociar con el aceite de oliva. Decorar con los palmitos cortados en tiras o rodajas, y las aceitunas descarozadas. Formar con la mayonesa un enrejado. Llevar a horno caliente 12 minutos.

✓ **Para completar el menú: "Bifes crocantes de hígado con salsa de mostaza". (Ver pág. 171)**

Pizza de maíz

6 PORCIONES   20 MINUTOS

15 MINUTOS   FACIL

INGREDIENTES

Cubo de caldo de gallina	1
Agua	3 tazas
Aceite	2 cucharadas
Harina de maíz de cocimiento rápido	1 taza
Queso rallado	3 cucharadas
Huevo	1
Salsa de tomate	1 taza
Mozzarella	150 g
Aceitunas negras o verdes	6
Albahaca picada	2 cucharadas

Colocar sobre fuego el cubo de caldo con el agua y el aceite; cuando rompe el hervor, incorporar en forma de lluvia la harina de maíz. Revolviendo con cuchara de madera, cocinar los minutos que indica el envase; dejar reposar unos segundos y mezclar con el queso rallado y el huevo.

Aceitar una pizzera y distribuir la polenta. Cubrirla con la salsa y rodajas de mozzarella.

Decorar con las aceitunas y rociar con hilos de aceite.

Llevar a horno moderado 20 minutos.

✔ **Para completar el menú: "Lenguados a la nuez". (Ver pág. 129)**

Pizza de mariscos a la crema

8 PORCIONES   25 MINUTOS

12 MINUTOS   FACIL

INGREDIENTES

Bollo de masa de pizza	1
Salsa de tomate	1 taza
Crema de leche	150 g
Harina	1 cucharada
Mejillones al natural	1 lata
Calamares en su tinta	1 lata
Perejil picado	2 cucharadas
Ají molido	A gusto
Morrones de lata	2

Estirar la masa y acomodarla en la pizzera, levantando ligeramente los bordes para sostener el relleno.

Pinchar la masa y cocinarla en horno caliente 10 minutos.

Mezclar la salsa de tomate con la crema y la harina.

Cocinar revolviendo hasta que rompa el hervor y tome consistencia cremosa.

Agregar los mejillones escurridos y los calamares.

Distribuir sobre la pizza y espolvorear con el perejil y el ají molido.

Decorar con los morrones cortados en tiras.

Llevar a horno caliente 12 minutos.

✓ **Para completar el menú: "Sopa verde jade". (Ver pág. 66)**

Pizza de masa de papa

8 PORCIONES · 25 MINUTOS

20 MINUTOS · FACIL

INGREDIENTES

Papa	1
Aceite	1 cucharada
Manteca	30 g
Levadura de cerveza	25 g
Leche tibia	125 cc
Harina	325 g
Sal y pimienta	A gusto

Cocinar la papa en agua con sal, cuando esté tierna, escurrirla y pisarla, mezclarla con el aceite y la manteca. Aparte, diluir la levadura en la leche tibia. Mezclar con el puré de papa y agregar la harina con sal y pimienta. Tomar la masa y dejar leudar tapada en lugar tibio. Cuando haya aumentado su volumen, estirar y tapizar una pizzera de 28 a 30 cm, enmantecada.

Pincelar la cubierta con aceite y dejar reposar 10 minutos. Cocinar en horno caliente 12 minutos.

Para la cubierta

Cubrir la pizza con 1 taza de salsa de tomate natural. Espolvorear con orégano y albahaca picada. Rociar con aceite de oliva, distribuir encima 200 g de mozzarella cortada y 100 g de aceitunas y llevar a horno caliente 12 minutos.

✓ Para completar el menú: "Lenguado poché con manteca negra y alcaparras". (Ver pág. 130)

Pizza de pollo a la portuguesa

8 PORCIONES  27 MINUTOS

12 MINUTOS FACIL

INGREDIENTES

Bollo de masa de pizza	1
Salsa portuguesa	1 lata
Pechuga de pollo hervida	1
Huevos duros	2
Aceitunas verdes	50 g
Mozzarella	150 g
Queso fontina rallado	2 cucharadas

Estirar la masa de pizza y precocinarla 15 minutos. Mezclar la salsa portuguesa con la pechuga cortada en tiritas finas. Acomodar sobre la pizza, decorar con los huevos duros cortados en rodajas, las aceitunas fileteadas y la mozzarella cortada en rodajas. Espolvorear con el queso y llevar nuevamente a horno moderado 12 minutos.

✓ **Para completar el menú: "Ensalada de espinacas". (Ver pág. 245)**

Pizzetas fritas

6 PORCIONES — EL DE LA FRITURA

20 MINUTOS — FACIL

INGREDIENTES

Levadura de cerveza	25 g
Agua tibia	175 cc
Azúcar	1 cucharadita
Harina	300 g
Sal	1 cucharadita
Manteca	30 g
Salsa de tomate	1 taza
Queso parmesano rallado grueso	5 cucharadas
Aceitunas verdes	50 g
Anchoas	5

Licuar la levadura con el agua tibia y el azúcar.
Verter sobre la harina con una cucharadita de sal y la manteca.
Tomar la masa y estirarla más bien fina.
Con ayuda de un cortapasta, cortar medallones de 8 cm de diámetro.

Freírlos en aceite caliente hasta dorarlos.
Cubrirlos con la salsa y espolvorear con el queso rallado.
Decorar algunas con las aceitunas fileteadas y otras con las anchoas.
Servir enseguida.

✓ **Para completar el menú: "Bacalao con mejillones y nueces". (Ver pág. 122)**

91

Pastas

Agnolotti de Roquefort y nuez

5 A 6 PORCIONES   EL DE LA PASTA

15 MINUTOS   MUY FACIL

INGREDIENTES

Tapas de empanadas de copetín	1 paquete (24 tapas)
Queso roquefort	250 g
Queso blanco	150 g
Nueces picadas	50 g
Yema	1
Queso sardo rallado	2 cucharadas
Perejil picado	1 cucharada colmada
Huevo	1

Estirar ligeramente las tapitas de empanadas.
Pisar el queso roquefort y mezclar con el queso blanco, las nueces, la yema, el queso rallado y el perejil.
Distribuir esta preparación en el centro de cada tapita y pincelar el reborde de la masa con el huevo batido.
Cerrar como una empanada, ajustando bien.
Cocinarlos en abundante agua hirviendo con sal, escurrirlos y salsearlos con crema de leche o salsa al filetto.

✓ **Para completar el menú: "Pollo frito a la americana".**
(Ver pág. 165)

Bucattini a la matriciana

4 PORCIONES   12 MINUTOS

12 MINUTOS   FACIL

INGREDIENTES

Bucattini	**400 g**
Aceite de oliva	**4 cucharadas**
Ajo	**2 dientes**
Panceta ahumada	**150 g**
Panceta fresca	**75 g**
Cebolla	**1**
Tomates al filetto	**1 lata**
Sal, pimienta negra y orégano	**A gusto**
Vino blanco	**1 vaso**
Queso pecorino rallado	**4 cucharadas**

Cocinar los fideos en abundante agua hirviendo con sal y 1 cucharada de aceite hasta que estén "al dente", escurrirlos. Dorar los dientes de ajo en el aceite, retirarlos. Agregar las pancetas cortada en tiritas y la cebolla picada, saltear 3 o 4 minutos.

Añadir los tomates, condimentar con sal, pimienta recién molida y el orégano. Rociar con el vino y cocinar 7 a 8 minutos. Agregar los fideos, mover la pasta para que se impregne con la salsa y espolvorear con el queso.

✓ **Para completar el menú: "Bifes crocantes de hígado en salsa de mostaza". (Ver pág. 171)**

Canelones de ricota, jamón y espinacas

6 PORCIONES

12 MINUTOS

EL DE CALENTAR
LOS CANELONES

MUY FACIL

INGREDIENTES

Crêpes	18
Cebolla	1
Manteca	25 g
Ricota	400 g
Jamón cocido	100 g
Queso rallado	4 cucharadas
Sal, pimienta y nuez moscada	A gusto
Espinacas hervidas	1 taza
Salsa al filetto	1 lata
Crema	200 g

Rehogar la cebolla picada en la manteca.
Mezclar con la ricota, el jamón picado y el queso rallado.
Condimentar con sal, pimienta y nuez moscada.
Agregar las espinacas hervidas bien exprimidas y picadas.
Distribuir sobre las crêpes, arrollarlas y colocarlas en una fuente para horno.
Mezclar la salsa al filetto con la crema, condimentar con sal y pimienta y verter sobre las crêpes.
Gratinar en horno no muy caliente.

✓ **Para completar el menú: "Milanesas rellenas nogadas".**
(Ver pág. 186)

97

intas con espinacas, jamón y champiñones

4 A 6 PORCIONES   15 MINUTOS

7 MINUTOS   MUY FACIL

INGREDIENTES

Cintas	**500 g**
Manteca	**50 g**
Ajo	**2 dientes**
Jamón cocido en un trozo	**150 g**
Champiñones	**200 g**
Espinacas hervidas y picadas	**2 tazas**
Crema de leche	**200 g**
Sal, pimienta y nuez moscada	**A gusto**
Queso gruyère o similar rallado	**4 cucharadas**

Cocinar las cintas en abundante agua con sal y 1 cucharada de aceite, hasta que estén cocidas pero "al dente", escurrirlas.
Dorar los dientes de ajo en la manteca y retirarlos.
Añadir el jamón cortado en tiritas finas y los champiñones cortados en láminas, saltearlos 5 minutos.
Añadir las espinacas, la crema y condimentar con sal, pimienta y un toque de nuez moscada.
Agregar los fideos, espolvorear con el queso y mezclar bien.
Servir bien caliente.

✓ Para completar el menú: "Cuadril en salsa de cebolla". (Ver pág. 175)

Coditos a la puttanesca

4 PORCIONES	EL DE LA PASTA
12 MINUTOS	FACIL

INGREDIENTES

Fideos strascinatti o coditos	400 g
Aceite de oliva	4 cucharadas
Manteca	75 g
Ajo	3 dientes
Anchoas	3
Tomates triturados	1 taza
Aceitunas negras	50 g
Alcaparras	2 cucharadas
Sal, ají molido y orégano	A gusto

Cocinar la pasta en abundante agua con sal y 1 cucharada de aceite hasta que esté tierna, pero "al dente", escurrirla. Calentar el aceite y la manteca. Agregar los dientes de ajo picados mezclados con las anchoas picadas a puré, los tomates, las aceitunas fileteadas y las alcaparras. Condimentar con poca sal, ají molido y orégano. Agregar la pasta, mezclar con 2 tenedores y servir.

✓ Para completar el menú: "Gratín de chauchas al jamón". (Ver pág. 200)

Maccheroni al atún

4 A 6 PORCIONES   8 MINUTOS

12 MINUTOS   MUY FACIL

INGREDIENTES

Maccheroni	500 g
Manteca	40 g
Aceite	2 cucharadas
Ajo	2 dientes
Laurel	1 hoja
Anchoas	3
Atún	1 lata chica
Crema de leche	200 g
Perejil picado	2 cucharadas
Nueces picadas	4 cucharadas

Cocinar la pasta en abundante agua hirviendo con sal y 2 cucharadas de aceite, hasta que esté "al dente", escurrirla. Calentar la manteca con el aceite, dorar los ajos y el laurel para perfumar el medio graso, retirarlos.

Agregar las anchoas picadas, el atún desmenuzado y la crema. Incorporar la pasta, mezclar con 2 tenedores y espolvorear con el perejil y las nueces picadas.

✓ **Para completar el menú: "Ensalada Natalia con sabor frutado".**
(Ver pág. 251)

Malfatti de espinacas con salsa rosada

6 PORCIONES   10 MINUTOS

20 MINUTOS   ELABORADA

INGREDIENTES

Espinacas hervidas	1 taza
Cebolla	1
Manteca	20 g
Huevos	3
Queso parmigiano rallado	3 cucharadas
Miga de pan remojada en leche	1 taza
Harina	200 g
Sal, pimienta y nuez moscada	A gusto
Salsa al filetto	1 lata
Crema de leche	200 g
Albahaca picada	A gusto

Picar las espinacas hervidas y muy exprimidas.
Rehogar la cebolla picada en la manteca, agregar las espinacas y saltearlas.
Mezclar con los huevos, el queso, la miga de pan y la harina.

Condimentar con sal, pimienta y nuez moscada.
Con una cucharita tomar porciones e introducirlas en agua hirviendo con sal.
A medida que suben los malfatti a la superficie, escurrirlos y colocarlos en una fuente.

Calentar la salsa al filetto, mezclar con la crema, condimentar con sal, pimienta y albahaca picada.

Verter sobre los malfatti.
Nota: en la preparación de los malfatti las espinacas pueden reemplazarse por acelgas

✓ Para completar el menú: "Medallones de jardinera". (Ver pag. 18)

Ñoquis Claudia express

4 PORCIONES   5 MINUTOS

20 MINUTOS   FACIL

INGREDIENTES

Leche	1 taza
Manteca	25 g
Sal, pimienta y nuez moscada	A gusto
Harina leudante	1 taza colmada
Queso rallado	2 cucharadas
Queso fundido	200 g
Crema de leche	200 g
Hierbas frescas	A gusto

Hervir la leche con la manteca, la sal, la pimienta y la nuez moscada. Verter sobre la harina, mezclada con el queso rallado. Tomar la masa, cortar porciones y formar cilindros. Cortar en trocitos y darles forma de ñoquis. Cocinarlos en abundante agua con sal; cuando suben a la superficie, escurrirlos y salsearlos con la salsa de queso.

Salsa de queso

Colocar sobre fuego la crema con el queso fundido cortado en trocitos, mezclar revolviendo hasta que se derrita. Perfumar con las hierbas frescas.

✔ **Para completar el menú: "Arrollado sin cocción". (Ver pág. 16)**

Ñoquis de zanahoria

4 PORCIONES — 3 MINUTOS

25 MINUTOS — FACIL

INGREDIENTES

Zanahorias hervidas y pisadas	**5 cucharadas**
Leche	**1 taza**
Manteca	**25 g**
Sal, pimienta y nuez moscada	**A gusto**
Queso rallado	**3 cucharadas**
Harina leudante	**2 tazas**

Pisar muy bien las zanahorias hervidas y pasadas por tamiz o procesadas, para que no tengan ningún grumo. Hervir la leche con la manteca, la sal, la pimienta, la nuez moscada y el queso rallado. Verter sobre la harina y agregar las zanahorias. Tomar la masa, espolvorear con harina, cortar en porciones y formar cilindros. Cortar los ñoquis y ahuecarlos con ayuda del aparato de ñoquis o con un tenedor. Cocinarlos en abundante agua hirviendo con sal. Cuando suben a la superficie, escurrirlos y salsearlos con la salsa deseada.

✓ **Para completar el menú: "Paté rápido de hígados de pollo".**
(Ver pág. 151)

Panzeotti de papa

24 PANZEOTTI   15 MINUTOS

25 MINUTOS   FACIL

INGREDIENTES

Tapas de empanadas de copetín	1 paquete
Cebolla	1
Manteca	25 g
Puré de papas	1 caja
Queso rallado	5 cucharadas
Yemas	2
Crema de leche	1 lata
Albahaca picada	2 cucharadas

Afinar ligeramente las tapas de empanadas.
Rehogar la cebolla picada en la manteca.
Preparar el puré con 650 cc de agua, sal, pimienta y nuez moscada.
Mezclar la cebolla con el puré, agregar 3 cucharadas de queso y las yemas.
Distribuir una porción sobre cada disco de masa, pincelar con huevo el reborde y cerrar como una empanada.
Hervir en abundante agua con sal y escurrir.
Acomodar en una fuente, rociar con la crema, la albahaca picada y el resto del queso rallado.
Gratinar en horno caliente.

✓ **Para completar el menú: "Ensalada de cítricos y paltas".**
Ver pág. 244)

Spaghetti a la Scarbonara

4 A 6 PORCIONES   20 MINUTOS

15 MINUTOS   MUY FACIL

INGREDIENTES

Spaghetti	1 paquete
Margarina	100 g
Ajo	3 dientes
Jamón cocido	150 g
Yemas	4
Crema de leche	100 g
Queso pecorino	3 cucharadas
Queso parmigiano	3 cucharadas

Cacinar los spaghetti en abundante agua con sal hasta que estén tiernos pero "al dente", escurrirlos.
Calentar la margarina, dorar los dientes de ajo y retirarlos.
Agregar el jamón cortado en juliana y saltearlo.
Incorporar los spaghetti y *mezclar bien para calentar.*
Agregar las yemas batidas con la crema, espolvorear con los quesos rallados y mezclar con 2 tenedores.
Retirar del fuego y mover la pasta hasta cocinar ligeramente las yemas.

✓ **Para completar el menú: "Ensalada Luciana de Ibiza".**
(Ver pág. 249)

Spaghetti a la napolitana

4 A 6 PORCIONES ⬛ ⬛ 25 MINUTOS

20 MINUTOS ⬛ ⬛ ELABORADA

INGREDIENTES

Spaghetti	500 g
Aceite de oliva	4 cucharadas
Ajo	1 diente
Cebolla	1
Berenjenas	650 g
Hongos secos	2 cucharadas
Vino blanco	5 cucharadas
Tomates al filetto	1 lata
Sal y pimienta	A gusto
Albahaca y perejil picados	A gusto
Queso provolone rallado	4 cucharadas

Cocinar los spaghetti en abundante agua hirviendo con sal hasta que estén cocidos pero "al dente", escurrirlos. Saltear en aceite el ajo y la cebolla picada.

Agregar las berenjenas, peladas y cortadas en cubos y los hongos, remojados en el vino y picados. Añadir los tomates. Condimentar con la sal, la pimienta, la albahaca y el perejil. Cocinar 15 minutos y agregar los spaghetti, mezclar y servir, espolvoreados con el queso rallado.

✓ **Para completar el menú: "Pollo al barro (realmente a la masa)".** (Ver pág. 163)

$paghetti al $apio con $roquefort

4 A 6 PORCIONES   15 MINUTOS

15 MINUTOS   FACIL

INGREDIENTES

Spaghetti	**500 g**
Cebolla picada	**1**
Manteca	**40 g**
Blanco de apio cortado en rodajitas finas	**1 taza**
Jerez	**3 cucharadas**
Queso roquefort	**350 g**
Crema de leche	**200 g**
Leche	**1 taza**
Sal, pimienta y nuez moscada	**A gusto**
Nueces picadas	**4 cucharadas**
Queso parmesano rallado	**4 cucharadas**

Cocinar los spaghetti en agua hirviendo con sal y 1 cucharada de aceite hasta que estén "al dente", escurrirlos.
Saltear en manteca la cebolla y el apio,
rociar con jerez.
Añadir el queso roquefort cortado en trozos, la crema de leche y la leche.
Cocinar y revolver hasta que el roquefort se diluya, condimentar con poca sal,

pimienta de molinillo
y un toque de nuez moscada.
Agregar los spaghetti
y mezclar bien.
Espolvorear con las nueces
y el queso rallado y servir.

Nota: para que los spaghetti
se cocinen bien
es importante utilizar
abundante agua hirviendo.

✓ **Para completar el menú: "Medallones de lomo al borgoña".**
(Ver pág. 185)

Arroz

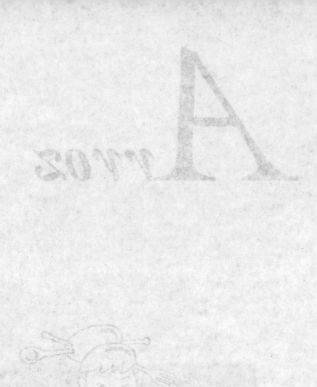

Cilindro de arroz

6 PORCIONES   18 MINUTOS

12 MINUTOS   MUY FACIL

INGREDIENTES

Cubo de caldo de ave	1
Arroz	1 taza
Salchichas	4
Mostaza	1 cucharadita
Huevos duros	2
Mayonesa	2 cucharadas

Colocar en un recipiente 3 tazas de agua con el cubo de caldo y cuando rompe el hervor agregar el arroz.

Cocinar 18 minutos, escurrir y refrescar con agua.

Cortar las salchichas en rodajas finas, mezclar con el arroz, agregar la mostaza, los huevos duros picados y la mayonesa.

Colocar sobre papel metalizado ligeramente aceitado y dar forma de cilindro.

Envolver en el papel y mantener en heladera para enfriar muy bien.

Retirar el papel y acomodar en una fuente sobre un lecho de hojas de escarola.

Salsear con mayonesa aligerada con jugo de limón y crema de leche.

✔ **Para completar el menú: "Hígado a la crema de champiñones".**
(Ver pág. 180)

Flan de espárragos y arroz

8 PORCIONES　　45 MINUTOS

12 MINUTOS　　MUY FACIL

INGREDIENTES

Arroz hervido	2 tazas
Leche	700 cc
Huevos	4
Sopa crema de espárragos	1 paquete
Queso gruyère rallado	3 cucharadas
Perejil picado	2 cucharadas
Azúcar o pan rallado	Cant. nec.

Mezclar el arroz con la leche, los huevos ligeramente batidos, el contenido de la sopa crema, el queso rallado y el perejil. Enmantecar una budinera de 22 cm de diámetro, espolvorearla con azúcar o pan rallado y colocar la preparación.

Cocinar en horno moderado a baño de María 45 minutos y verificar la cocción. Dejar pasar el calor fuerte y desmoldar. Servir frío o tibio con zanahorias hervidas y salteadas en manteca.

✔ **Para completar el menú: "Pizza de matambre".**
(Ver pág. 192)

Hamburguesas de arroz

4 PORCIONES   10 MINUTOS

12 MINUTOS   FACIL

INGREDIENTES

Arroz hervido	**2 pocillos**
Harina	**2 cucharadas**
Huevos	**2**
Queso rallado	**2 cucharadas**
Perejil picado	**1 cucharada**
Pan rallado	**1 taza**
Salsa de tomate	**1 taza de té**
Queso fresco	**150 g**

Mezclar el arroz hervido con la harina, 1 huevo, el queso rallado y condimentar con sal, pimienta y perejil. Tomar 4 porciones, darles forma de hamburguesas, pasarlas por el otro huevo batido y luego, por pan rallado. Cocinar las hamburguesas al horno o freírlas en aceite caliente.

Cubrirlas con la salsa de tomate y con una tajada de queso fresco.

Gratinar en el momento de servir hasta que el queso se funda.

Acompañar con puré duquesa.

✓ **Para completar el menú: "Hígados de pollo frutados".**
  (Ver pág. 148)

Pastel piamontés de arroz

8 A 10 PORCIONES · 40 MINUTOS

15 MINUTOS · ELABORADA

INGREDIENTES

Disco de pascualina	1
Arroz	350 g
Cebolla	1
Manteca	50 g
Hongos secos	2 cucharadas
Jamón	100 g
Huevos	4
Queso sardo o similar rallado	1 taza
Aceitunas negras	50 g
Sal, pimienta, salvia y albahaca	A gusto

Tapizar una tartera enmantecada con el disco de pascualina. Mezclar el arroz hervido con la cebolla picada y rehogada en la manteca, los hongos remojados en agua caliente, exprimidos y picados, el jamón picado, los huevos ligeramente batidos, el queso y las aceitunas descarozadas y cortadas en cuartos. Condimentar con sal, pimienta, salvia y albahaca picada gruesa. Colocar dentro de la masa y espolvorear la superficie con queso rallado. Cocinar en horno moderado 40 minutos. Servir caliente o frío.

✓ **Para completar el menú: "Gallina en salsa de yemas y estragón".**
(Ver pág. 147)

Pizza de arroz

6 PORCIONES   20 MINUTOS

12 MINUTOS   MUY FACIL

INGREDIENTES

Arroz hervido	2 tazas de té
Harina	2 cucharadas
Huevo	1
Queso rallado	2 cucharadas
Salsa pomarolla	1 lata
Queso fresco o mozzarella	150 g
Aceitunas verdes	8

Mezclar el arroz cocido con la harina, el huevo y el queso. Acomodar en una pizzera aceitada y ajustar bien con una cuchara. Cubrir con la salsa y colocar en horno moderado 15 minutos. Distribuir encima el queso cortado en rodajas y las aceitunas. Llevar a horno caliente para derretir el queso.

✔ **Para completar el menú: "Revuelto gramajo express".**
(Ver pag. 54)

Pescados y mariscos

Atún en croute de panceta

4 PORCIONES   25 MINUTOS

12 MINUTOS   MUY FACIL

INGREDIENTES

Atún sin la espina central	**1 kg**
Limón	**1**
Sal y pimienta	**A gusto**
Panceta ahumada	**150 g**
Cebolla	**1**
Zanahoria	**1**
Tomates	**2**
Ajo y perejil picados	**2 cucharadas**
Vino blanco	**1 vaso**

Rociar el trozo de pescado con el jugo de limón y condimentarlo con poca sal y pimienta. Envolverlo en las tajadas de panceta. Cortar los vegetales en rodajas finas y formar una base sobre una fuente para horno.

Espolvorear con el ajo y perejil, rociar con el vino y el aceite y condimentar con sal y pimienta. Acomodar encima el pescado y cocinar en horno moderado 25 minutos.

✓ **Para completar el menú: "Panzeotti de papa". (Ver pág. 105)**

121

Bacalao con mejillones y nueces

6 PORCIONES   23 MINUTOS

12 MINUTOS   MUY FACIL

INGREDIENTES

Postas de bacalao	12
Sal y pimienta	A gusto
Harina	3 cucharadas
Aceite	5 cucharadas
Cebolla	1
Nueces	50 g
Ajo	2 dientes
Perejil picado	3 cucharadas
Huevos duros	2
Leche	1 taza
Mejillones	1 lata
Papas cortadas en cubos y hervidas	4

Condimentar las postas de bacalao con sal y pimienta y pasarlas por harina. Saltear en una cazuela con aceite la cebolla cortada en rodajas finas, colocar encima el pescado. Procesar o licuar las nueces, el ajo, el perejil y los huevos duros con la leche. Verter la salsa sobre el pescado y agregar los mejillones con su agua. Cocinar tapado a fuego suave, moviendo de vez en cuando el recipiente, 18 minutos. Agregar las papas y seguir la cocción 5 minutos.

✓ **Para completar el menú: "Pizza a la piedra". (Ver pág. 82)**

Camarones salteados al curry

* *

4 PORCIONES   7 MINUTOS

12 MINUTOS   MUY FACIL

INGREDIENTES

Cebolla	1
Zanahoria	1
Manteca	40 g
Aceite de oliva	2 cucharadas
Jamón crudo en un trozo	150 g
Sal, tomillo y pimienta negra	A gusto
Vermouth	3 cucharadas
Camarones	400 g
Curry	1 cucharadita
Tostadas de pan lácteo	4
Espinacas hervidas	2 tazas
Manteca	30 g

Picar la cebolla y rallar grueso o procesar la zanahoria, saltear en la manteca y el aceite. Agregar el jamón cortado en tiritas finas y condimentar con poca sal, tomillo y bastante pimienta negra. Rehogar 1 minuto y rociar con el vermouth.

Cocinar 1 minuto más y agregar los camarones, condimentar con el curry y calentar. Exprimir bien las espinacas, picarlas y saltearlas en la manteca. Distribuir sobre las tostadas y colocar encima la preparación de camarones.

✓ **Para completar el menú: "Strudel de cebollas". (Ver pág. 210)**

123

Cazuela de bacalao a la leonesa

6 PORCIONES   20 MINUTOS

18 MINUTOS   ELABORADA

INGREDIENTES

Postas de bacalao	1,250 kg
Sal, pimienta	A gusto
Jugo de limón	A gusto
Cebollas grandes	3
Ajo y perejil picados	2 cucharadas
Aceite	5 cucharadas
Papas grandes	3
Rectángulos de pan	6
Aceite y pimentón	Cant. nec.

Condimentar los trozos de bacalao con sal, pimienta y jugo de limón.

Cortar las cebollas en aros finos, rehogarlas en aceite junto con el ajo y el perejil. Acomodar encima las postas de bacalao, tapar y cocinar a fuego suave, moviendo de vez en cuando la cazuela, durante 20 minutos.

Cortar las papas en rodajas finas y freírlas en aceite caliente, agregarlas a la cazuela.

Pincelar con aceite y pimentón los rectángulos de pan, tostarlos y decorar con ellos la cazuela.

✔ **Para completar el menú: "Pastel de zanahorias". (Ver pág. 207)**

azuela de bacalao a la nizarda

❋ ❋

6 PORCIONES   25 MINUTOS

20 MINUTOS   FACIL

INGREDIENTES

Bacalao fresco cortado en trozos	1,300 kg
Sal y pimienta	A gusto
Jugo de limón	A gusto
Harina	Cant. nec.
Aceite de oliva	4 cucharadas
Ajo	2 dientes
Laurel	2 hojas
Cebollas	2
Tomates peritas	1 lata
Vermouth	3 cucharadas
Arvejas	1 lata
Aceitunas negras	100 g
Perejil picado	2 cucharadas
Cubitos de pan fritos	1 taza

Condimentar el pescado con sal, pimienta y jugo de limón, pasarlo por harina. Dorar los dientes de ajo y el laurel en el aceite para perfumarlo, retirarlos y añadir las cebollas picadas. Rehogar, incorporar los tomates y perfumar con el vermouth, condimentar con sal y pimienta. Acomodar el pescado,

125

las arvejas y las aceitunas,
cocinar a fuego suave,
con el recipiente destapado,

20 minutos.
*E*spolvorear con el perejil
y los cubitos de pan fritos.

✓ **Para completar el menú: "Papas a la suiza". (Ver pág. 201)**

Empanada gallega de sardinas

8 PORCIONES   35 MINUTOS

20 MINUTOS   FACIL

INGREDIENTES

Discos de pascualina	1 paquete
Cebollas	1 kg
Aceite	3 cucharadas
Pimentón	2 cucharaditas
Sal y pimienta	A gusto
Sardinas	1 lata
Morrones	1 lata
Chorizo colorado	1
Huevos duros	2

Tapizar una tartera con un disco de pascualina.
Procesar o cortar las cebollas por la mitad y luego en rodajas.
Cocinarlas tapadas en el aceite, hasta que estén tiernas.
Condimentar con pimentón, sal y pimienta y escurrirlas.
Colocar una capa de cebollas sobre la masa, distribuir encima las sardinas sin la espina central, los morrones cortados en tiras, el chorizo en rodajas finas y los huevos duros en rodajas más gruesas.
Cubrir con el otro disco de masa y hacer un repulgue.
Pinchar ligeramente la superficie de la masa, pincelarla con huevo o leche y cocinar en horno caliente 35 minutos.

✓ **Para completar el menú: "Ajíes rellenos a la paisana".**
(Ver pág. 195)

Filetes de merluza con salsa de mar

6 PORCIONES   20 MINUTOS

6 MINUTOS   MUY FACIL

INGREDIENTES

Filetes de merluza	6
Sal y pimienta	A gusto
Harina	Cant. nec.
Salsa pomarolla	1 lata
Mejillones	1 lata
Crema de leche	100 g

Condimentar los filetes con sal y pimienta, pasarlos por harina. Acomodarlos en una fuente para horno ligeramente aceitada. Mezclar la salsa pomarolla con los mejillones escurridos y la crema. Verter sobre los filetes y cocinar en horno moderado 20 minutos.

✔ **Para completar el menú: "Pastel criollo". (Ver pág. 202)**

Lenguados a la nuez

4 PORCIONES   18 MINUTOS

8 MINUTOS   MUY FACIL

INGREDIENTES

Filetes de lenguado	4
Sal y pimienta	A gusto
Nueces	70 g
Ralladura de piel de naranja y limón	2 cucharadas
Manteca	50 g

Condimentar los filetes con sal y pimienta.
Mezclar en un plato las nueces picadas con las ralladuras.
Pasar los filetes por la mezcla, haciendo que se adhiera bien a su carne.
Acomodarlos en una fuente para horno sin que se superpongan y rociarlos con la manteca fundida.
Cocinarlos en horno moderado 18 minutos.
Acompañar con papas al natural espolvoreadas con perejil picado y rociadas con aceite de oliva.
Decorar con rodajas de limón y naranja.

✓ **Para completar el menú: "Cazuela de champiñones, jamón y alcauciles". (Ver pág. 198)**

129

Lenguado poché con manteca negra y alcaparras

4 PORCIONES

15 MINUTOS

12 MINUTOS

MUY FACIL

INGREDIENTES

Filetes de lenguado	4
Sal y pimienta	A gusto
Vinagre	2 cucharadas
Estragón y laurel	A gusto
Sal gruesa	1 cucharadita
Agua	Cant. nec.
Manteca	150 g
Alcaparras	4 cucharadas

Condimentar los filetes con sal y pimienta.
Colocar en un recipiente 2 cucharadas de vinagre, unas ramitas de estragón, una hoja de laurel, 1 cucharadita de sal gruesa y granos de pimienta.
Agregar agua y dejar hervir 2 o 3 minutos.
Acomodar los filetes sin superponerlos y cocinarlos 7 minutos, escurrirlos y mantenerlos al calor.
Colocar la manteca sobre fuego suave hasta que tome color dorado oscuro y condimentarla con sal y pimienta.
Agregar las alcaparras y verter sobre los filetes.

✓ **Para completar el menú: "Pastel de cebollas azucarado".**
(Ver pág. 203)

ejillones en salsa verde

6 PORCIONES   20 MINUTOS

20 MINUTOS   FACIL

INGREDIENTES

Mejillones	3 a 4 kg
Vino blanco	1 vaso
Aceite, con preferencia de oliva	7 cucharadas
Ajo picado	4 dientes
Perejil picado	4 cucharadas
Harina	1 cucharada

Limpiar las valvas, raspándolas si tuvieran alguna adherencia. Colocarlas en una cacerola con el vino blanco, tapar y llevar al fuego, moviendo la cacerola de vez en cuando, hasta que los mejillones se hayan abierto. Escurrirlos y desechar las valvas cerradas. A las abiertas, quitarles la valva que no tiene el molusco. Filtrar el agua de cocción de los mejillones por un colador tapizado con un lienzo, para decantar toda la arena. Calentar el aceite, dorar los dientes de ajo, añadir el perejil, el agua de los mejillones y la harina. Cocinar revolviendo hasta que tome consistencia de salsa ligera. Agregar los mejillones y moverlos para que se calienten bien y servir.

✔ **Para completar el menú: "Pizza de arroz". (Ver pág. 117)**

Paella express

8 PORCIONES   25 MINUTOS

20 MINUTOS   MUY FACIL

INGREDIENTES

Cebolla	1
Ajo	2 dientes
Ají rojo	1
Aceite	3 cucharadas
Pollo	1
Panceta ahumada en un trozo	150 g
Calamares en su tinta	1 lata
Mejillones	1 lata
Cholgas	1 lata
Arvejas	1 lata
Camarones	200 g
Arroz	400 g
Azafrán o condimento para arroz	A gusto
Caldo	800 cc
Jugo de	1 limón
Sal y pimienta	A gusto
Langostinos	8

Rehogar en el aceite la cebolla, los dientes de ajo y el ají picados.

Agregar el pollo trozado en presas chicas y sin la piel,

la panceta cortada en tiritas
finas y dorar muy bien.
Añadir los calamares,
los mejillones y las cholgas con
su agua, las arvejas escurridas,
los camarones y el arroz.
Saltear y agregar el azafrán
o condimento para arroz
mezclado con el caldo caliente,
añadirlo lentamente a medida
que se va moviendo la
preparación.
Rociar con el jugo de limón

y rectificar el sabor con sal
y pimienta de molinillo.
Cocinar tapada a fuego
mínimo 18 a 20 minutos.
Si fuera necesario,
incorporar más caldo
durante la cocción.
Decorar con los langostinos
y mantener 5 minutos tapada
antes de servir para
que el arroz se asiente.
Espolvorear, si se desea,
con perejil picado.

✓**Para completar el menú: "Sandwiches de tomate y mozzarella".**
(Ver pág. 41)

Pastel Costa Brava

8 PORCIONES   45 MINUTOS

18 MINUTOS   FACIL

INGREDIENTES

Disco de pascualina	1
Filetes de merluza	700 g
Tomates peritas	1 lata
Huevos	3
Crema de leche	100 g
Queso gruyère o similar rallado	4 cucharadas
Sal y pimienta	A gusto
Camarones	150 g
Puré en copos	1 paquete

*Tapizar un tartera con
el disco de masa.
Hervir los filetes en agua con
sal 5 minutos y escurrirlos.
Licuarlos con los tomates
también escurridos, los
huevos, la crema,
el queso, sal y pimienta.
Mezclar con los camarones
y colocar dentro de la masa.
Cocinar en horno moderado
40 a 45 minutos.
Preparar el puré siguiendo
las indicaciones del envase
y distribuirlo sobre el pastel.
Gratinar en horno caliente
o en el grill, para dorar.
Servir tibio.*

✓ **Para completar el menú: "Rollos de jamón, roquefort y ciruelas".**
(Ver pág. 24)

Pescado en croute de sal con dos salsas

6 PORCIONES   1 HORA

12 MINUTOS   MUY FACIL

INGREDIENTES

Besugo o brótola	1,750 a 2 kg
Hierbas aromáticas frescas	A gusto
Aceite de oliva	1 cucharada
Sal gruesa	750 g
Harina	150 g
Claras	2

Hacer limpiar el pescado, quitando el espinazo central. Frotarlo, por dentro y por fuera, con 2 cucharadas de hierbas aromáticas frescas (perejil, orégano, salvia, romero, etc.) y rociarlo por dentro con el aceite.
Mezclar la sal con la harina y las claras, colocar la mitad en una asadera, acomodar encima el pescado y cubrirlo con el resto de sal. Cocinar en horno más bien caliente 1 hora.

Para servirlo, romper la carcaza de sal.
Acompañar con las siguientes salsas:

Salsa imitación holandesa
Batir a baño de María 1 taza de mayonesa de frasco con 2 cucharadas de jugo de limón y 20 g de manteca fundida. Rectificar el sabor con un toque de pimienta y cuando está tibia utilizarla.

Salsa roja de pimientos
Hervir en un poco de agua 2

135

dientes de ajo con su piel
durante 4 o 5 minutos.
Pelarlos y licuarlos
con 3 pimientos en lata,
sal, pimienta,

100 g de crema
de leche, 3 cucharadas
de aceite y 1 cucharada
de aceto balsámico
o vinagre de manzana.

✓ Para completar el menú: "Ensalada Estambul". (Ver pág. 248)

Postas de salmón en salsa de hongos

❊ ❊

4 PORCIONES   20 MINUTOS

5 MINUTOS   MUY FACIL

INGREDIENTES

Postas de salmón	4
Aceite de oliva	2 cucharadas
Jugo de limón	2 cucharadas
Sopa crema de hongos	1 paquete
Agua o caldo	500 cc

Acomodar las postas de salmón en una fuente para horno, rociar con el aceite y el jugo de limón.
Diluir la sopa crema en el agua o caldo y verter sobre el pescado. Cubrir herméticamente con papel metalizado o manteca y cocinar en horno moderado 20 minutos.
Acompañar con juliana de verdes: chauchas, zapallitos, puerros, hervidos y salteados en manteca, y ensalada de virutas de cebolla y casquitos de naranja y pomelo pelados a vivo.

✓ Para completar el menú: "Pastel de puerros, jamón y almendras". (Ver pág. 205)

137

Rabas tiernas y crocantes

6 PORCIONES   EL DE LA FRITURA

5 MINUTOS   MUY FACIL

INGREDIENTES

Rabas	750 g
Sal gruesa	1 cucharada colmada
Bicarbonato	1 cucharadita colmada
Harina y aceite	Cant. nec.
Sal fina	A gusto

Colocar las rabas en agua con sal gruesa y bicarbonato, durante 30 minutos.
Escurrirlas, estrujarlas con las manos y colocarlas en un cernidor con harina.
Moverlas para quitarles el excedente de harina y sumergirlas en abundante aceite muy caliente y moverlas hasta dorarlas.
Servirlas enseguida; cada comensal las espolvorea, si lo desea, con sal.
Muy importante: *Las rabas se consiguen generalmente ya preparadas en las pescaderías; de no ser así comprar los calamares, quitarles la película oscura y las vísceras y cortarlos en rodajas finas, proceder luego como en las rabas compradas. El bicarbonato ablanda la carne de los calamares, pero es necesario una fritura muy caliente para que las rabas resulten crocantes y no gomosas.*
Sugerencia: *Cocine en la misma fritura de las rabas anchoítas pasadas previamente por harina.*

✓ **Para completar el menú: "Cazuela de garbanzos bilbaína".**
(Ver pág. 217)

Rollitos de pescado en salsa platera

6 PORCIONES   20 MINUTOS

20 MINUTOS   FACIL

INGREDIENTES

Filetes de merluza o lenguado	6
Sal y pimienta	A gusto
Kanikama	6 barritas
Aceite, con preferencia de oliva	4 cucharadas
Jerez	1 vaso
Cebolla	1
Champiñones	250 g
Papa mediana hervida	1

Condimentar los filetes con sal y pimienta.
Acomodar en uno de los extremos de los filetes una barrita de kanikama y arrollarlos.
Sujetarlos con un palillo, acomodarlos bien juntos en una fuente para horno y rociarlos con 1 cucharada de aceite y el jerez.

Tapar con papel metalizado o manteca y cocinar en horno moderado 15 minutos.
Saltear la cebolla picada en el resto del aceite, agregar los champiñones cortados en láminas y el jugo de cocción del pescado.
Cocinar 5 minutos, añadir la papa hervida y pasar todo por licuadora o procesadora.

Servir los rollitos napados por la salsa. Acompañar con vegetales *cocidos "al dente" y salteados en manteca (juliana de zanahorias, puerros y chauchas).*

✔ **Para completar el menú: "Menestra con lentejas".** (Ver pág. 220)

Tortilla soufflé de sardinas

6 PORCIONES   20 MINUTOS

10 MINUTOS   MUY FACIL

INGREDIENTES

Sardinas	1 lata grande
Arvejas	1 lata
Morrones en lata	3
Huevos	6
Perejil picado	2 cucharadas
Sal y pimienta	A gusto
Azúcar	1 cucharada
Queso gruyère rallado	3 cucharadas

Sacarles a las sardinas las espinas.
Mezclarlas con las arvejas, los morrones cortados en tiritas y las yemas.
Condimentar con el perejil, sal y pimienta.
Batir las claras a nieve con el azúcar y agregar a la preparación anterior, mezclando suavemente y en forma envolvente.

Colocar en una tartera térmica y espolvorear con el queso.
Cocinar en horno más bien caliente 20 minutos.
Sugerencia: *Se puede enriquecer la preparación añadiendo 2 o 3 filetes de merluza hervidos, o variar el sabor reemplazando las sardinas por una lata de atún.*

✓ **Para completar el menú: "Sopa de calabaza en croute".**
(Ver pág. 60)

Aves

oq au vin

6 PORCIONES 30 MINUTOS

20 MINUTOS ELABORADA

INGREDIENTES

Pollo de 1,800 a 2 kg	1
Manteca	100 g
Aceite	4 cucharadas
Sal y pimienta de molinillo	A gusto
Panceta fresca	150 g
Cebollas de verdeo	3
Ajo	2 dientes
Vino tinto	600 cc
Zanahorias	2
Laurel	1 hoja
Caldo de ave	1 pocillo
Champiñones	200 g
Perejil picado	2 cucharadas

Cortar el pollo en presas medianas, dorarlas en una sartén con la mitad de la manteca y la mitad del aceite. Acomodarlas en una cazuela, desechando el fondo de cocción, condimentar con sal y pimienta negra de molinillo.

En el resto de manteca y aceite, rehogar la panceta cortada en trocitos, las cebollas cortadas en rodajas finas y los dientes de ajo picados. Colocar sobre el pollo, rociar con el vino, añadir las zanahorias cortadas en rodajas

finas, el laurel y el caldo.
Cocinar 20 minutos.
Agregar los champiñones
cortados en láminas no muy

finas y proseguir la cocción
10 minutos más.
Servir espolvoreado con el
perejil.

✓ Para completar el menú: "Arvejas a la francesa".
(Ver pág. 226)

allina en salsa de yemas y estragón

6 A 8 PORCIONES   EL DE LA GALLINA

20 MINUTOS   FACIL

INGREDIENTES

Limones	3
Ramito compuesto	1
Sal, pimienta, estragón, laurel	A gusto
Cebolla	1
Hueso de ternera	200 g
Gallina	1
Yemas	4
Crema de leche	200 g
Nueces picadas	50 g

Cortar 2 limones en rodajas y colocarlos en una cacerola con el ramito compuesto, sal, pimienta en grano, una ramita de estragón, una hoja de laurel, la cebolla y el hueso de ternera. Cubrir con abundante agua y hacer hervir 15 minutos. Agregar la gallina y cocinar hasta que esté tierna.

Escurrirla, quitarle la piel y cortarla en trozos. Mezclar las yemas con sal, pimienta, el jugo de 1 limón, 4 a 5 cucharadas del caldo de cocción y la crema. Agregar 1 cucharadita de estragón fresco picado o seco y verter sobre las presas de gallina. Espolvorear con nueces picadas.

✓ **Para completar el menú: "Aros de cebolla y tomate en masa".** (Ver pág. 225)

147

Hígados de pollo frutados

4 PORCIONES   15 MINUTOS

12 MINUTOS   MUY FACIL

INGREDIENTES

Cebolla	1
Manteca	30 g
Hígados de pollo	400 g
Harina	1 cucharada colmada
Sal, pimienta y curry	A gusto
Salsa de soja	1 cucharada
Mostaza	1 cucharadita
Manzanas Rommer	2
Jugo de naranja	150 cc
Jerez	1 vaso

Rehogar la cebolla picada en la manteca.

Agregar los hígados limpios y cortados en cuartos, saltearlos y espolvorear con la harina.

Mezclar y condimentar con sal, pimienta, 1 cucharadita de curry, la salsa de soja y la mostaza.

Añadir las manzanas peladas y cortadas en cubos, mezclar bien y rociar con el jugo de naranja y el jerez.

Cocinar tapado a fuego suave 12 minutos.

Acompañar con arroz blanco a la manteca o puré de batatas.

✓ Para completar el menú: "Tarta mousse de zapallitos". (Ver pág. 211)

Matambre de pollo

6 PORCIONES   50 A 55 MINUTOS

15 MINUTOS   FACIL

INGREDIENTES

Pollo deshuesado	1
Sal y pimienta	A gusto
Gelatina sin sabor	7 g
Hojas de acelga blanqueadas	12
Huevos crudos	2
Queso rallado	5 cucharadas
Pan rallado	2 cucharadas
Perejil picado	2 cucharadas
Huevos duros	2
Aceitunas rellenas	100 g

Extender el pollo y condimentarlo con sal y pimienta.

Espolvorear con la mitad de la gelatina y distribuir encima las hojas de acelga blanqueadas y escurridas.

Batir ligeramente los huevos y mezclarlos con el queso, el pan rallado y el perejil.

Extender sobre las hojas de acelga y distribuir a lo largo los huevos duros cortados en cuartos y las aceitunas.

Espolvorear con el resto de gelatina y arrollar.

Atar el matambre y envolverlo en papel de aluminio.

Cocinar en horno moderado 50 a 55 minutos.

Servir frío.

Acompañar con ensalada de verdes.

Nota: Para blanquear las *hirviendo con sal.*
hojas de acelga sumergirlas *Sólo deben ablandarse.*
unos segundos en agua *Escurrirlas sobre un lienzo.*

✔ **Para completar el menú: "Potaje de papas express".**
(Ver pág. 57)

Paté rápido de hígados de pollo

6 A 8 PORCIONES   15 MINUTOS

25 MINUTOS   FACIL

INGREDIENTES

Hígados de pollo	600 g
Leche	400 cc
Cebolla chica	1
Sal, pimienta y tomillo	A gusto
Jamón	100 g
Queso blanco	250 g
Mostaza	1 cucharadita

Macerar en la leche durante 20 minutos los hígados de pollo con la cebolla cortada en rodajas, condimentar con sal, pimienta y tomillo.
Colocar sobre fuego y cocinar hasta que la leche se consuma. Agregar el jamón y pasar todo por procesadora o licuadora. Mezclar con el queso blanco y la mostaza y rectificar el sabor si fuera necesario.

Colocar en moldecitos individuales o en molde alargado, previamente pincelados con aceite.
Mantener en heladera por lo menos 3 horas.
Desmoldar.
Servir con tostadas y una ensalada de tomates condimentado con sal, pimienta de molinillo y aceite de oliva.

✓ **Para completar el menú: "Budín de berenjenas, nueces y anchoas". (Ver pág. 196)**

151

Pechugas de pollo en gratín de calabaza y choclo

4 PORCIONES	35 MINUTOS
20 MINUTOS	ELABORADA

INGREDIENTES

Pechugas de pollo	4 mitades
Cebolla	1
Ajo	2 dientes
Aceite	3 cucharadas
Sal y pimienta	A gusto
Jengibre y azafrán (optativo)	A gusto
Cubos de caldo de gallina	2
Cubos de calabaza	4 tazas
Manteca	40 g
Miel y canela	Cant. nec.
Choclo entero	1 lata

Filetear las pechugas y cortarlas en cubos. Saltearlas en el aceite con la cebolla y los ajos picados. Condimentar con sal, pimienta y, si le agrada, 1 pizca abundante de jengibre y 1 cucharadita de azafrán. Diluir los cubos de caldo en 1 taza de agua caliente y verter sobre el pollo. Cocinar 15 minutos. Cocinar la calabaza en poca agua hasta que esté tierna, escurrirla y pisarla. Mezclarla con la manteca, 1 cucharada de miel, una pizca de canela y el choclo, condimentar con sal

y pimienta.
Colocar el pollo en una fuente
para horno, cubrir con
la salsa de calabaza

y espolvorear con el queso.
Gratinar en horno
caliente 15 minutos.

✔ Para completar el menú: "Bananas indianas al curry".
(Ver pág. 227)

Pechugas de pollo en salsa de ananás

6 PORCIONES   40 MINUTOS

20 MINUTOS   FACIL

INGREDIENTES

Pechugas de pollo	6 mitades
Sal y pimienta	A gusto
Mostaza	1 cucharada
Manteca	40 g
Jamón cocido en un trozo	200 g
Ananás	1 lata
Ketchup	1 cucharada colmada
Cubos de caldo de gallina	2
Bizcochos molidos o pan rallado	Cant. nec.

Condimentar con sal y pimienta las pechugas deshuesadas. Untarlas con la mostaza y dorarlas en la manteca, junto con el jamón cortado en juliana. Agregar la mitad de las rodajas de ananás cortadas en trozos, el almíbar del ananás, el ketchup y los cubos de caldo. Cocinar a fuego suave 30 minutos.

Si la salsa estuviera demasiado liviana, retirar las pechugas y ligar la salsa con 1 o 2 cucharaditas de fécula de maíz diluida en 3 cucharadas de agua fría. Servir el pollo con el resto de las rodajas de ananás pasadas por bizcochos molidos o pan rallado y doradas en manteca.

✓ **Para completar el menú: "Hamburguesas de arroz".**
(Ver pág. 115)

Pechugas de pollo en salsa de gruyère al jerez

4 PORCIONES   30 MINUTOS

12 MINUTOS   MUY FACIL

INGREDIENTES

Pechugas de pollo	4
Sal y pimienta	A gusto
Manteca	40 g
Queso gruyère	200 g
Champiñones	150 g
Jerez	1 vaso
Crema de leche	200 g
Curry	1 cucharadita

Condimentar las pechugas deshuesadas con sal y pimienta. Acomodarlas en una fuente para horno, rociarlas con la manteca fundida y taparlas con papel de aluminio. Cocinarlas 15 minutos en horno moderado.

Espolvorearlas con el queso gruyère cortado en tiritas finas y los champiñones en láminas. Incorporar el jerez y la crema de leche condimentada con sal, pimienta y curry. Proseguir la cocción en horno moderado 15 minutos más.

✔ **Para completar el menú: "Pizzetas fritas". (Ver pág. 91)**

Pechugas de pollo granjeras

4 PORCIONES   45 MINUTOS

15 MINUTOS   FACIL

INGREDIENTES

Pechugas de pollo	4 mitades
Sal y pimienta	A gusto
Cebolla	1
Tomates	2
Zapallitos largos	3
Zanahorias	2
Vermouth	4 cucharadas
Perejil, salvia y tomillo	2 cucharadas
Aceite	3 cucharadas
Caldo de ave	1 pocillo
Crema de leche	100 g
Salsa de soja	2 cucharadas

Condimentar las pechugas deshuesadas con sal y pimienta. Acomodar en una asadera la cebolla, los tomates, los zapallitos y las zanahorias cortados en rodajas finas. Colocar encima las pechugas, rociar con el vermouth, el aceite y el caldo, espolvorear con las hierbas. Cubrir con papel de aluminio y cocinar en horno moderado 45 a 50 minutos. Licuar el fondo de cocción con los vegetales y la crema, mezclar con la salsa de soja, napar los platos y distribuir encima las pechugas fileteadas.

✓ **Para completar el menú: "Ensalada Triana de porotos".**
(Ver pág. 218)

Pilaf de pollo con frutas

6 PORCIONES   40 MINUTOS

15 MINUTOS   FACIL

INGREDIENTES

Supremas de pollo sin empanar	6
Cebolla grande	1
Manteca	125 g
Sal, pimienta blanca y jengibre	Cant. nec.
Cubos de caldo de gallina	3
Mostaza	2 cucharaditas
Canela	1 pizca
Pasas rubias	2 cucharadas
Jerez	5 cucharadas
Damascos frescos	8
Arroz	1 taza
Curry	1 cucharadita colmada
Almendras peladas, tostadas y fileteadas	50 g

Cortar las supremas en cubos. Saltear en la mitad de la manteca, la cebolla y las supremas, condimentar con sal, pimienta blanca y si se desea con pimienta de Cayena y 1 cucharadita de jengibre.

Diluir 1 cubo de caldo en un pocillo de agua y verter sobre el pollo. Añadir la mostaza, la canela y las pasas remojadas en el jerez. Cocinar 15 minutos y añadir los damascos pasados por agua

caliente, pelados y descarozados.
Cocinar 5 minutos más.
Saltear el arroz en el resto de
manteca, hasta que los granos
parezcan transparentes.
Agregar 2 cubos de caldo
diluidos en 3 tazas de agua
hirviendo y el curry.

Cocinar tapado 18 minutos.
Servir el arroz con el pilaf de
pollo y espolvorear con
las almendras.
Nota: Se pueden reemplazar
los damascos frescos
por damascos en lata.

✔ **Para completar el menú: "Sopa gratinada de crema de queso".**
(Ver pág. 64)

Pollo a la Esmirna

5 A 6 PORCIONES   45 MINUTOS

25 MINUTOS   ELABORADA

INGREDIENTES

Pollo de 2 kg	1
Fécula de maíz	Cant. nec.
Aceite	4 cucharadas
Manteca	50 g
Cebollas	2
Sal y pimienta	A gusto
Pasas rubias	75 g
Cognac	1 vaso
Mostaza	2 cucharaditas
Canela y nuez moscada	1 pizca
Limones	2
Caldo de ave	1 taza
Almendras peladas, fileteadas y tostadas	50 g

Cortar el pollo en presas pequeñas, retirarles la piel y pasarlas por la fécula. Dorarlas en el aceite con la manteca, agregar las cebollas partidas por la mitad y luego en rodajas finas, saltear todo. Condimentar con sal y pimienta y agregar las pasas remojadas en un poco de cognac. Mezclar en el resto del cognac la mostaza, la canela y la nuez moscada y verter sobre el pollo. Rociar con el jugo de limón y el caldo y espolvorear con un cucharada de cáscara

159

de limón rallada.

Cocinar tapado a fuego suave 45 minutos.

Si la salsa hubiera quedado demasiado fluida, retirar el pollo, añadir 1 cucharadita de fécula diluida en un poco de agua y cocinar unos segundos.

Espolvorear por último con las almendras fileteadas y tostadas. Acompañar con arroz pilaf.

Arroz Pilaf

Rehogar 1 cebolla picada en 40 g de manteca.

Agregar 1 taza de arroz y saltearlo hasta que los granos resulten transparentes.

Añadir 3 tazas de caldo de ave hirviente, mezclar y cocinar tapado 18 minutos.

Agregar 25 g de manteca cortada y mezclar. Se puede enriquecer su sabor incorporando junto con el caldo 1 cucharadita colmada de curry.

✓ **Para completar el menú: "Gratinados de banana".**
(Ver pág. 232)

◀ RABAS TIERNAS Y CROCANTES

▼ PAELLA EXPRESS

▲ PATE RAPIDO DE HIGADOS DE POLLO

TARTA DE VEGETALES

PASTEL DE CEBOLLA ►
AZUCARADO

FABADA EXPRESS ▼

Pollo a la scarpetta

5 PORCIONES   45 MINUTOS

20 MINUTOS   ELABORADA

INGREDIENTES

Pollo de 2 kilos	1
Sal y pimienta	A gusto
Harina	2 cucharadas
Cebolla grande	1
Aceite	3 cucharadas
Tomates peritas	1 lata
Ajo y perejil picados	2 cucharadas
Salvia	1 cucharadita
Hongos secos	1 cucharada
Jerez o vino blanco	1 vaso
Aceitunas verdes	100 g
Caldo de ave	1 taza
Mozzarella	250 g

Cortar el pollo en presas medianas y condimentarlas con sal y pimienta, pasarlas por la harina y acomodarlas en una cazuela.

Saltear en sartén la cebolla cortada en rodajas con el aceite. Agregar los tomates picados, el ajo, el perejil y condimentar con sal, pimienta y salvia.

Añadir los hongos remojados en el vino y picados y el vino del remojo.

Cocinar 5 minutos y verter sobre el pollo.

Incorporar las

aceitunas descarozadas
y agregar el caldo.
Cocinar tapado 35 minutos.
Distribuir encima la mozzarella

cortada en rodajas y proseguir
la cocción unos minutos más
hasta que el queso se funda.

✔ **Para completar el menú: "Pionono de espinaca, ricota y nueces".**
(Ver pág. 23)

Pollo al barro (realmente a la masa)

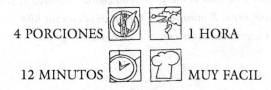

4 PORCIONES — 1 HORA

12 MINUTOS — MUY FACIL

INGREDIENTES

Pollo	1
Sal, pimienta y jugo de limón	A gusto
Cebolla	1
Manzana	1
Hierbas aromáticas	1 cucharada
Manteca	25 g
Harina	500 g
Agua	Cant. nec.

Frotar el pollo con sal, pimienta y jugo de limón. Colocar dentro la manzana y la cebolla.

Distribuir encima las hierbas y la manteca en trocitos.

Preparar con la harina y el agua una masa que no se pegue en las manos, estirarla de 2 a 3 cm de espesor.

Colocar encima el pollo, envolverlo en la masa y acomodar en una asadera. Cocinar en horno más bien caliente 55 minutos. La masa debe quedar bien dorada.

Romper y servir el pollo con tomates asados.

Sugerencia: en la misma forma se puede cocinar peceto o matambre, cambiando el tiempo de cocción por 1 hora y 30 minutos.

Tomates asados

Partir 4 tomates medianos por la mitad.

Cocinarlos en sartén con 25 g de manteca por el lado cortado

durante 2 minutos.
*Darlos vuelta y cocinarlos del
lado de la piel otros 3 minutos.
Retirarlos y espolvorearlos con*

sal, orégano y ají molido.
*Servirlos calientes y, si desea,
rociarlos con un hilo
de aceite de oliva.*

✓ **Para completar el menú: "Medallones de calabaza con
mozzarella". (Ver pág. 233)**

Pollo frito a la americana

4 A 5 PORCIONES   EL DE LA FRITURA

8 MINUTOS   FACIL

INGREDIENTES

Pollo de 2 kg	1
Jugo de	1 limón
Sal parrillera	5 cucharadas
Aceite y manteca	Para freír
Fécula de maíz	Cant. nec.

Cortar el pollo en presas no muy grandes.
Rociarlo con el jugo de limón y colocarlo en un colador espolvoreado con la sal, macerar por lo menos durante una hora.
Retirar el excedente de sal, y pasar las presas por la fécula.

Sacudirlas y freírlas en una mezcla de manteca y aceite no demasiado caliente, hasta que resulten bien doradas.
Escurrirlas sobre papel.
Acompañar con papas fritas crocantes y remolachas agridulces.

✓ **Para completar el menú: "Buñuelos de huevo express".**
(Ver pág. 229)

Pollo grillé dorado al queso

4 A 6 PERSONAS   45 A 50 MINUTOS

10 MINUTOS MUY FACIL

INGREDIENTES

Pollo de 2 kg	1
Sal y pimienta	A gusto
Manteca	100 g
Mostaza	1 cucharada
Bizcochos molidos o pan rallado	1 taza
Queso provolone rallado	4 cucharadas

Hacer abrir el pollo desde la rabadilla al cogote. Acomodarlo bien abierto en una rejilla colocada sobre una asadera. Condimentarlo con sal y pimienta. Untarlo con la mitad de la manteca y cocinarlo en horno moderado 25 minutos. Pincelarlo con la mostaza y cubrirlo con los bizcochos molidos y el queso. Rociarlo con el resto de la manteca fundida y proseguir la cocción en horno caliente de 20 a 25 minutos. Acompañar con ensalada de pepinos y papas fritas crocantes.

Papas fritas crocantes

Cortar las papas en rodajas o bastones. Colocarlas en agua helada con sal durante 20 minutos. Escurrirlas, secarlas y sumergirlas en abundante aceite bien caliente. Las papas absorben el sabor de la sal y no se deshidratan ni ablandan como cuando se las sala después de fritas.

✓ **Para completar el menú: "Alfajores de atún". (Ver pág. 15)**

Suprema a la suiza

4 PORCIONES   30 MINUTOS

18 MINUTOS   FACIL

INGREDIENTES

Supremas empanadas	4
Leche	600 cc
Manteca	30 g
Harina	2 cucharadas
Sal, pimienta y nuez moscada	A gusto
Queso rallado	3 cucharadas
Yemas	2
Jamón cocido	4 rodajas
Queso fresco	4 rodajas

Freír las supremas en aceite o cocinarlas en horno moderado. Colocar en un recipiente la leche, la manteca y la harina, cocinar revolviendo siempre hasta que rompa el hervor y tome consistencia de crema. Condimentar con sal, pimienta, nuez moscada y queso rallado, mezclar con las yemas. Cubrir las supremas con el jamón y las rodajas de queso fresco y verter encima la salsa. Llevar a horno moderado 12 minutos. Acompañar con arvejas y cubos de papas cocidos y salteados en manteca.

✓ Para completar el menú: "Ensalada de cítricos y paltas". (Ver pág. 244)

Supremas con jamón al emmenthal

4 PORCIONES

20 MINUTOS

8 MINUTOS

MUY FACIL

INGREDIENTES

Supremas de pollo	4
Sal, pimienta y jugo de limón	A gusto
Manteca	40 g
Aceite	2 cucharadas
Jamón crudo	4 rodajas
Queso emmenthal	4 rodajas
Queso gruyère o similar, rallado	4 cucharadas

Condimentar las supremas con sal, pimienta y jugo de limón. Calentar en una sartén la manteca y el aceite y dorar ligeramente de ambos lados las supremas durante 5 minutos. Acomodarlas en una fuente para horno, cubrirlas con las rodajas de jamón y las de queso emmenthal, espolvorear con el queso rallado y rociar ligeramente con unos hilos de la manteca de la fritura. Gratinar en horno de moderado a caliente 12 a 15 minutos. Acompañar con chauchas y zanahorias hervidas y salteadas en manteca.

✓ **Para completar el menú: "Cilindro de arroz". (Ver pág. 113)**

Carnes rojas y vísceras

Bifes crocantes de hígado con salsa de mostaza

4 PORCIONES   15 MINUTOS

15 MINUTOS   MUY FACIL

INGREDIENTES

Bifes de hígado de ternera	600 g
Sal, pimienta y perejil picado	Cant. nec.
Harina	2 cucharadas
Aceite	2 cucharadas
Manteca	40 g
Panceta ahumada	8 tajadas
Cebolla	1
Ajo	1 diente
Pan rallado	1 cucharada
Vino tinto	1 vaso
Mostaza	1 cucharada

Limpiar los bifes de hígado quitándoles la película que los rodea.
Condimentarlos con sal, pimienta y perejil picado.
Espolvorearlos con 1 cucharada de harina, rociarlos con el aceite y dejarlos macerar 5 a 6 minutos.
Calentar la manteca y cocinar los bifes.
Sacarlos del fuego y reservarlos al calor.
Pasar las tajadas de panceta por el resto de harina y freírlas ligeramente en la misma manteca donde se cocinó el hígado.
Acomodar la panceta sobre los bifes.
Agregar en el mismo medio

graso la cebolla y el ajo
picados, rehogar.
Espolvorear con el pan rallado,
rociar con el vino, agregar la
mostaza y condimentar
con sal y pimienta.
Cocinar 2 minutos y verter

sobre los bifes.
Acompañar con papas al
natural, cocidas con su cáscara
en agua con sal y 2 hojas
de laurel, peladas y rociadas
con aceite de oliva.

✓ **Para completar el menú: "Pizza de pollo a la portuguesa".**
(Ver pág. 90)

Carbonada con duraznos

4 A 6 PORCIONES   30 MINUTOS

20 MINUTOS   FACIL

INGREDIENTES

Cebollas blancas	2
Cebollas de verdeo	3
Ajo	2 dientes
Aceite	4 cucharadas
Tomates peritas	1 lata
Carnaza	1 kg
Sal, pimienta, pimentón y tomillo	A gusto
Zapallo en cubos	3 tazas
Batatas	3/4 kg
Choclo entero	2 latas
Duraznos en almíbar	1 lata
Caldo	Cant. nec.

Rehogar en el aceite los dientes de ajo y las cebollas picadas. Incorporar la carne cortada en cubos y saltearla a fuego vivo para blanquearla.
Agregar los tomates, el zapallo y las batatas cortadas en cubos, condimentar con sal, pimienta, tomillo y pimentón. Cubrir con caldo y cocinar a fuego suave 20 minutos. Añadir el choclo sin el líquido y los duraznos escurridos y cortados en mitades. Proseguir la cocción 5 minutos más.

✔ Para completar el menú: "Canapés indianos". (Ver pág. 32)

Costillitas de cordero a la Villeroy

4 PORCIONES   20 MINUTOS

20 MINUTOS   FACIL

INGREDIENTES

Costillitas de cordero	8
Sal y pimienta	A gusto
Puré en copos	1 paquete
Pan rallado	2 tazas
Huevos	2
Aceite	Para freír

Limpiar las costillitas, aplanarlas ligeramente y cortar parte del hueso si fuera muy largo. *Condimentar* con sal y pimienta. *Preparar* el puré siguiendo las indicaciones del envase pero con 700 cc de líquido. *Cocinar* las costillitas por fritura en sartén o en horno. *Colocar* sobre pan rallado 8 cucharadas de puré caliente. *Apoyar* en cada una de las porciones de puré una costilla, cubrirlas con puré y dejar enfriar. *Luego* pasar por el pan rallado, después por los huevos batidos, condimentados con sal y pimienta y por último, nuevamente por pan rallado. *Ajustar* y freír en aceite caliente. *Escurrir* sobre papel. *Acompañar* con ramitos de brócoli y coliflor, hervidos y salteados en manteca.

✓ **Para completar el menú: "Revuelto gramajo express".**
(Ver pág. 54)

174

Cuadril en salsa de cebolla

4 PORCIONES   20 MINUTOS

10 MINUTOS   MUY FACIL

INGREDIENTES

Bifes de cuadril	4
Mostaza	2 cucharaditas
Sopa crema de cebolla	1 paquete
Vino blanco	1 vaso
Aceite	1 cucharada
Caldo o agua	4 cucharadas

Distribuir los bifes sobre cuadrados de papel de aluminio. Untarlos ligeramente con la mostaza y espolvorearlos con la sopa crema. Rociarlos con el vino blanco, el aceite y el caldo o agua. Envolverlos con el papel formando un paquete. Acomodarlos en una asadera con una base de 1 cm de agua. Cocinar en horno bien caliente 20 minutos.

✓ Para completar el menú: "Puré duquesa y cebollitas Laura a la canela". (Ver pág. 237 y 230)

orizos a la pomarolla

4 PORCIONES   25 MINUTOS

8 MINUTOS   MUY FACIL

INGREDIENTES

Chorizos	**8**
Salsa pomarolla	**1 lata**
Jerez	**5 cucharadas**
Aceitunas negras	**50 g**

Pinchar la piel de los chorizos y colocarlos en un recipiente con agua sobre el fuego. Hacerlos hervir de 4 a 5 minutos para desgrasarlos, escurrirlos. Calentar en una cazuela la salsa, agregar el jerez y dejar que rompa el hervor.

Acomodar los chorizos y cocinar en el recipiente tapado a fuego suave, durante 20 minutos. Incorporar las aceitunas descarozadas y cocinar 3 o 4 minutos más. Servir bien caliente. Acompañar con puré duquesa.

✔ **Para completar el menú: "Pastel piamontés de arroz".**
(Ver pág. 116)

Escalopes 10 minutos

4 PORCIONES   10 MINUTOS
10 MINUTOS   MUY FACIL

INGREDIENTES

Peceto cortado en bifes finos	**700 g**
Sal y pimienta	**A gusto**
Harina	**2 cucharadas**
Aceite	**3 cucharadas**
Anchoas	**3**
Ajo	**1 diente**
Vino blanco	**1 vaso**
Aceitunas negras	**50 g**
Caldo o agua	**1 cucharón**
Nueces picadas	**3 cucharadas**

Condimentar los bifes con poca sal y pimienta.
Pasarlos por harina y dorarlos en el aceite durante 2 minutos.
Licuar las anchoas con el ajo y el vino.
Verter sobre los bifes, agregar las aceitunas descarozadas y fileteadas y el caldo.
Cocinar 8 minutos.
Espolvorear con las nueces y servir acompañados con puré de batatas.

✓ **Para completar el menú: "Spaghetti a la carbonara".**
(Ver pág. 106)

igot con croute crocante

6 A 8 PORCIONES   60 MINUTOS

20 MINUTOS   FACIL

INGREDIENTES

Pierna de cordero	1
Sal, pimienta, orégano, salvia	A gusto
Papas	1 kg
Manteca	100 g
Ajo y perejil picados	4 cucharadas
Miga de pan desmenuzada	5 cucharadas
Queso rallado	4 cucharadas
Aceite	4 cucharadas

Frotar la pierna con sal, pimienta, orégano y salvia, colocarla sobre una rejilla del horno.

Pelar las papas, cortarlas en rodajas finas y acomodarlas en capas en una fuente para horno, alternando con sal, pimienta, 2 cucharadas de ajo y perejil y la manteca cortada en trocitos.

Colocar la fuente en el horno, debajo de la rejilla donde se puso la pierna de cordero.

Cocinar en horno moderado 45 minutos y dar vuelta. Así se logra que el jugo de la pierna caiga sobre las papas, dándole su sabor y perfume.

Mezclar la miga de pan con el queso y el resto de ajo y perejil y distribuir sobre la pierna.

Rociar con aceite y seguir la cocción en horno fuerte 15 minutos.

✓ Para completar el menú: "Huevos a la pizzaiola". (Ver pág. 48)

178

Hamburguesas a la Villeroy de puré

4 PORCIONES — EL DE LA FRITURA

12 MINUTOS — MUY FACIL

INGREDIENTES

Hamburguesas	**4**
Puré en copos	**1 caja**
Sal y pimienta	**Cant. nec.**
Mostaza	**1 cucharadita**
Queso rallado	**3 cucharadas**
Pan rallado	**2 tazas**
Huevos	**2**
Accite	**Para freír**

Cocinar las hamburguesas vuelta y vuelta en sartén, plancha, horno o grill.

Preparar el puré en copos, siguiendo las indicaciones del envase pero utilizando 650 cc de agua con sal, pimienta y 40 g de manteca, saborizarlo con la mostaza y el queso rallado.

Sobre una asadera espolvoreada con pan rallado, colocar 4 porciones de puré, apoyar enci-ma las hamburguesas y cubrirlas con el resto de puré.

Dejar enfriar el puré y luego pasar las hamburguesas por pan rallado, después por los huevos batidos con sal y por último, nuevamente por pan rallado.

Ajustar bien y freír en aceite caliente. Escurrir sobre papel y servir calientes con ensalada caprese.

✓ **Para completar el menú: "Sopa cantonesa". (Ver pág. 58)**

Hígado a la crema de champiñones

❖ ❖

4 PORCIONES   20 MINUTOS

15 MINUTOS   FACIL

INGREDIENTES

Cebolla	1
Ají rojo	1
Manteca	30 g
Hígado de ternera	1/2 kg
Panceta fresca en un trozo	150 g
Vino blanco	5 cucharadas
Sal, pimienta y curry	A gusto
Champiñones	200 g
Aceite de oliva	2 cucharadas
Jugo de limón	3 cucharadas
Crema de leche	150 g

Cortar la cebolla por la mitad y luego en rodajas finas y el ají en juliana.
Saltearlos en la manteca, agregar el hígado cortado en cubos y la panceta en tiritas finas.
Rehogar a fuego más bien vivo, rociar con el vino y condimentar con sal, pimienta de molinillo y 1 cucharadita de curry.
Cortar los champiñones en láminas, saltearlos en el aceite, rociarlos con el jugo de limón y condimentarlos con sal y pimienta. Cocinar 2 minutos.
Añadirlos con su jugo al hígado, rociar con la crema y cocinar 10 minutos.
Acompañar con papas fritas.

✓ **Para completar el menú: "Strudel de cebollas". (Ver pág. 210)**

Involtini de carne a la portuguesa

6 PORCIONES   35 MINUTOS

20 MINUTOS   ELABORADA

INGREDIENTES

Bola de lomo	6 bifes
Panceta ahumada	100 g
Zapallitos	2
Huevos	2
Queso rallado	3 cucharadas
Perejil picado	1 cucharada
Huevos duros	2
Salsa portuguesa	1 lata
Vino blanco	1 vaso
Aceitunas verdes y negras	100 g

Aplanar bien la carne y condimentarla con sal y pimienta. Extender sobre cada bife las tiras de panceta.
Rallar los zapallitos, estrujarlos con un lienzo, mezclar con los huevos, el queso y el perejil, condimentar con sal y pimienta. Distribuir sobre la carne y acomodar en cada extremo los huevos duros en cuartos.
Arrollar y sujetar con palillos.
Pasar los involtini por harina.
Dorarlos en aceite caliente y escurrirlos.
Colocar la salsa portuguesa en una cazuela, agregar el vino y las aceitunas.
Acomodar la carne y cocinar a fuego lento 25 minutos.

✓ **Para completar el menú: "Papas a la suiza". (Ver pág. 201)**

Leberwurst en salsa de uvas al oporto

4 PORCIONES   5 MINUTOS

12 MINUTOS   MUY FACIL

INGREDIENTES

Leberwurst	**800 g**
Manteca	**25 g**
Uvas peladas y sin semillas	**2 tazas**
Oporto o un vino similar	**1 vaso**
Mostaza	**2 cucharaditas**
Ketchup	**1 cucharada**
Cubo de caldo de carne	**1**

Cortar el leberwurst en rodajas. Fundir la manteca, agregar las uvas y saltearlas.

Rociar con el oporto y agregar la mostaza, el ketchup, el cubo de caldo y 150 cc de agua.

Cocinar 3 o 4 minutos y verter sobre las rodajas de leberwurst. Calentar 3 a 4 minutos y servir tibio.

✓ **Para completar el menú: "Ratatouille de cebollas y panceta". (Ver pág. 209)**

Matambritos de carne

6 PORCIONES   45 MINUTOS

20 MINUTOS   FACIL

INGREDIENTES

Carne picada	3/4 kg
Huevos crudos	3
Sal y pimienta	A gusto
Perejil picado	2 cucharadas
Queso rallado	4 cucharadas
Gelatina sin sabor	10 g
Zanahoria	1
Ají rojo	1
Huevos duros	2

Mezclar la carne con 1 huevo crudo, sal, pimienta, 1 cucharada de perejil y otra de queso rallado. Agregar la mitad de la gelatina; cuando se haya conseguido una mezcla homogénea, extender 6 porciones de la mezcla sobre 6 rectángulos de papel de aluminio. Aparte, mezclar el resto de los huevos crudos con el resto de perejil y queso rallado, aco-modar sobre la carne.

Distribuir encima la zanahoria rallada, el ají cortado en tiritas finas y los huevos duros cortados en cuartos.

Espolvorear con el resto de la gelatina y arrollar con la ayuda del papel. Envolver todos los matambritos en el papel y coci-nar en horno moderado 45 minutos. Servir fríos o calientes.

✔ **Para completar el menú: "Spaghetti al apio con roquefort".**
(Ver pág. 108)

183

Medallones de cerdo a la napolitana

4 PORCIONES   15 MINUTOS

10 MINUTOS   MUY FACIL

INGREDIENTES

Lomito de cerdo	1/2 kg
Aceite	4 cucharadas
Ajo	2 dientes
Sal y pimienta	A gusto
Tomates	4
Albahaca picada	2 cucharadas
Mozzarella	8 rodajas

Cortar el lomito en 8 bifes. Calentar el aceite, dorar los dientes de ajo para perfumarlo, retirarlos y cocinar allí los lomitos. Condimentarlos con sal y pimienta.
Cortar los tomates por la mitad, colocarlos en una fuente para horno y condimentarlos con sal, pimienta y albahaca picada. Acomodar los bifes sobre los tomates y poner encima las rodajas de mozzarella. Rociar con hilos de aceite y llevar a horno caliente 5 minutos. Acompañar con arvejas salteadas en manteca.

✓ Para completar el menú: "Sopa refrescante frutada".
(Ver pág. 65)

184

Medallones de lomo al borgoña

4 PORCIONES   25 MINUTOS

12 MINUTOS   MUY FACIL

INGREDIENTES

Medallones de lomo	**4**
Sal, pimienta, laurel y tomillo	**A gusto**
Aceite	**2 cucharadas**
Manteca	**25 g**
Cebolla	**1**
Panceta fresca	**1 tajada fina**
Vino borgoña	**250 cc**
Caracú	**200 g**

Condimentar los medallones de lomo con sal y pimienta, dorarlos de ambos lados en 1 cucharada de aceite, reservarlos. Rehogar en el resto de aceite junto con la manteca, la cebolla picada y la panceta cortada en tiritas.
Rociar con el vino, condimentar con sal, pimienta de molinillo, una hoja de laurel y tomillo.

Cocinar 2 o 3 minutos y agregar el caracú cortado en rodajitas.
Cocinar 3 minutos más y verter sobre los lomos.
Seguir la cocción a fuego suave 18 minutos más.
Acompañar con ensalada Maytere de champiñones y naranjas.

✓ **Para completar el menú: "Panqueques de ricota". (Ver pág. 19)**

185

Milanesas rellenas nogadas

4 PORCIONES   EL DE LA FRITURA

15 MINUTOS   FACIL

INGREDIENTES

Bola de lomo o nalga	4 bifes grandes
Sal y pimienta	A gusto
Jamón cocido o paleta	4 tajadas
Huevos crudos	2
Huevo duro	1
Perejil picado	1 cucharada
Queso rallado	3 cucharadas
Nueces picadas	2 cucharadas
Queso cuartirolo	150 g
Harina	2 cucharadas
Pan rallado	Cant. nec.

Aplanar bien la carne y condimentar con sal y pimienta. Mezclar el jamón picado con 1 huevo crudo, el huevo duro picado, el perejil, el queso y las nueces. Distribuir porciones de relleno sobre la mitad de los bifes y colocar encima el queso cuartirolo.

Cubrir el relleno con la otra mitad de los bifes, sujetar el reborde con 3 palillos, pasar por la harina, luego por los huevos batidos y por último, por el pan rallado. Aplanar bien y freír en aceite no muy caliente o cocinar en horno bien caliente, rociados con un hilo de aceite.

✔ **Para completar el menú: "Puré duquesa con espinacas".**
(Ver pág. 237)

Peceto al leberwurst

6 PORCIONES   35 MINUTOS

12 MINUTOS   MUY FACIL

INGREDIENTES

Peceto	1,250 kg
Mostaza	1 cucharada
Harina	2 cucharadas
Aceite	3 cucharadas
Sal y pimienta	A gusto
Leberwurst	200 g
Mayonesa	4 cucharadas
Vino blanco	1 vaso
Caldo de carne	1 cubo

Atar el peceto para mantener la forma, untarlo con la mostaza y espolvorearlo con la harina.
Dorarlo en el aceite y condimentar con sal y pimienta.
Pisar el leberwurst, mezclarlo con la mayonesa y el vino.
Verter sobre la carne.
Agregar el cubo de caldo diluido en una taza de agua caliente.
Cocinar a fuego suave con el recipiente tapado aproximadamente 35 minutos.
Acompañar con puré duquesa.

✓ **Para completar el menú: "Cazuela de champiñones, jamón y alcauciles". (Ver pág. 198)**

Peceto con dos salsas

8 PORCIONES   40 MINUTOS

25 MINUTOS   FACIL

INGREDIENTES

Peceto de ternera	1,200 kg
Sal y pimienta en grano	Cant. nec.
Laurel	2 hojas
Cebolla	1
Zanahoria	1
Atún	1 lata
Mayonesa	350 g
Limón	1
Anchoas	3
Alcaparras (optativo)	150 g
Naranjas	2
Aceite	1 pocillo
Yema	1
Mostaza	2 cucharaditas

Atar la carne para que no pierda la forma.
Sumergirla en abundante agua hirviendo con la sal, las hojas de laurel, la pimienta en grano y la cebolla y la zanahoria cortadas en trozos.

Cuando la carne está tierna, dejarla enfriar en el mismo caldo.
Cortarla en rodajas finas, distribuirla en dos fuentes y cubrir cada una de ellas con las siguientes salsas:

Salsa vitel toné

Mezclar la mayonesa con el atún desmenuzado y las anchoas picadas a crema.
Aligerar con jugo de limón y salsear la carne.
Salpicar con las alcaparras o con huevo duro picado.

Salsa de naranja

Pelar 1 naranja desechando la parte blanca
Cortar la cáscara en fina juliana y cocinarla en agua hirviendo 2 minutos.
Licuar la yema, agregar lentamente la sal, la pimienta, la mostaza, el aceite y el jugo de la naranja.
Mezclar con las cascaritas de naranja.

✔ Para completar el menú: "Sopa verde jade". (Ver pág. 66)

Peceto en bolsa con salsa de cebolla

* *

6 PORCIONES   50 MINUTOS

8 MINUTOS   MUY FACIL

INGREDIENTES

Peceto	1,500 kg
Mostaza	1 cucharada
Sopa crema de cebolla	1 paquete
Vino blanco	1 vaso
Aceite	1 cucharada

Untar la carne con la mostaza. Acomodarla sobre papel de aluminio o dentro de una bolsa para horno. Espolvorear con la sopa crema y rociar con el vino blanco y el aceite.
Cerrar el papel de alumnio formando un paquete o cerrar la bolsa.
Colocar el paquete o la bolsa sobre una asadera, con una base de 2 cm de agua y cocinar en horno moderado 50 minutos.
Dejar pasar el calor fuerte, cortar la carne en rodajas y cubrir con la salsa obtenida del fondo de cocción.
Nota: No se debe salar la carne porque ésta toma el sabor de la sopa crema. La sopa crema se rehidrata con el vino, el aceite y el jugo de la misma carne, formando la salsa.

✓ **Para completar el menú: "Cebollitas Laura a la canela".**
(Ver pág. 230)

Peceto relleno con crema de espárragos

6 A 8 MINUTOS

25 MINUTOS

20 MINUTOS

ELABORADA

INGREDIENTES

Peceto	1
Aceite	3 cucharadas
Cebolla	1
Tomate	1
Hierbas aromáticas	A gusto
Vino blanco	1 vaso
Caldo	250 cc
Sopa crema de espárragos	1 paquete
Lomito ahumado	150 g
Queso fresco	200 g

Atar la carne para que no pierda la forma. Dorarla en el aceite, agregar la cebolla y el tomate cortados en cuartos y algunas hierbas. Rociar con el vino y el caldo. Cocinar tapado 25 minutos y retirar la carne. Licuar el fondo de cocción junto con la sopa crema diluida en una taza de agua. Colocar sobre fuego, revolviendo hasta formar una crema. Cortar la carne en tajadas y volverla a armar, colocando entre cada una de ellas rodajas de lomito y queso fresco. Cubrir con la salsa de espárragos y calentar en horno moderado.

✓ Para completar el menú: "Blinis de papas". (Ver pág. 29)

Pizza de matambre

4 PORCIONES   1 HORA

20 MINUTOS   MUY FACIL

INGREDIENTES

Matambre desgrasado	1 kg
Salsa de tomate	1 taza
Queso fresco o mozzarella	200 g
Orégano y ají molido	Cant. nec.
Aceitunas verdes	50 g

Cocinar el matambre en agua hirviendo con sal hasta que esté tierno. Escurrirlo y cortarlo en cuadrados.

Acomodarlo en una fuente para horno y distribuir encima la salsa de tomate y el queso o mozzarella cortado en rodajas, espolvorear con orégano y ají molido.

Decorar con las aceitunas fileteadas.

Llevar a horno más bien caliente 12 minutos.

Acompañar con ensalada de verdes con vinagreta tibia.

✓ **Para completar el menú: "Cajas pebetes sorpresa". (Ver pág. 30)**

Vegetales

Ajíes rellenos a la paisana

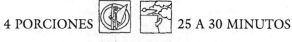

4 PORCIONES 25 A 30 MINUTOS

15 MINUTOS MUY FACIL

INGREDIENTES

Ajíes grandes	4
Puerro	1
Manteca	50 g
Jamón cocido o paleta	50 g
Jardinera	1 lata
Huevo	1
Queso rallado	4 cucharadas
Sal y pimienta	A gusto
Salsa pomarolla	1 lata
Vermouth	4 cucharadas
Pan rallado	2 cucharadas

Cortar a los ajíes una tapita y ahuecarlos. Rehogar en 25 g de manteca el puerro cortado en rodajitas.

Agregar el jamón picado y saltearlo, mezclar con la jardinera escurrida, añadir el huevo y la mitad del queso. Condimentar con sal y pimienta. Distribuir dentro de los ajíes.

En un recipiente, donde los ajíes puedan ubicarse bien juntos, colocar la salsa pomarolla y el vermouth, calentar y poner los ajíes. Espolvorear con el resto de queso y el pan rallado y distribuir encima el resto de manteca cortada en trocitos. Cocinar tapado 25 a 30 minutos.

✓ Para completar el menú: "Pizza de masa de papa". (Ver pág. 89)

Budín de berenjenas, nueces y anchoas

6 PORCIONES   55 MINUTOS

20 MINUTOS   FACIL

INGREDIENTES

Berenjenas	3/4 kg
Vinagre	4 cucharadas
Cebolla	1
Manteca	30 g
Miga de pan remojada	4 cucharadas
Queso gruyère o similar rallado	2 cucharadas
Huevos	4
Anchoas	3
Nueces picadas	50 g
Crema de leche	150 g
Sal, pimienta y orégano	A gusto
Perejil picado	1 cucharada
Pan rallado o azúcar	Cant. nec.

Quitar el rabito a las berenjenas y cocinarlas en agua con sal y vinagre hasta que estén tiernas.
Escurrirlas y procesarlas con su piel.
Rehogar la cebolla picada en la manteca.

Mezclar con las berenjenas, la miga de pan remojada en leche y escurrida, el queso, los huevos ligeramente batidos, las anchoas picadas, las nueces y la crema.
Condimentar con sal, pimienta, perejil y orégano.
Enmantecar una budinera,

196

espolvorear con pan rallado o azúcar y colocar la preparación. Cocinar en horno moderado a baño de María 55 minutos.

Verificar la cocción, dejar pasar el calor fuerte y desmoldar. Acompañar con una salsa al filetto.

✓ **Para completar el menú: "Medallones de lomo al borgoña".** (Ver pág. 185)

Cazuela de champiñones, jamón y alcauciles

5 PORCIONES   10 MINUTOS

10 MINUTOS   MUY FACIL

INGREDIENTES

Manteca	40 g
Aceite de oliva	2 cucharadas
Ajo	2 dientes
Laurel	1 hoja
Cebolla	1
Champiñones	350 g
Jamón cocido en un trozo	150 g
Corazones de alcauciles hervidos o envasados	10
Sal y pimienta blanca	A gusto
Crema de leche	100 g
Croutones de pan fritos	2 tazas

Calentar la manteca con el aceite, dorar los ajos y el laurel y retirarlos. Agregar la cebolla picada, rehogarla y añadir los champiñones cortados en láminas y el jamón cortado en tiritas finas.

Cocinar 4 minutos, incorporar los alcauciles cortados en rodajas y condimentar con sal y pimienta. Rociar con la crema y cocinar 3 a 4 minutos. Agregar los croutones de pan y acompañar con huevos pochés.

✓ **Para completar el menú: "Matambre de pollo". (Ver pág. 149)**

Flan de espinacas y choclo

4 A 5 PORCIONES   45 MINUTOS

12 MINUTOS   MUY FACIL

INGREDIENTES

Espinacas hervidas y exprimidas	2 tazas
Sopa crema de choclo	1 paquete
Yogur natural	200 g
Leche	400 cc
Huevos	4
Queso sardo rallado	4 cucharadas
Nueces picadas	50 g
Pan rallado o azúcar	Cant. nec.

Picar las espinacas.
Mezclarlas con el polvo de la
sopa crema, el yogur, la leche,
los huevos ligeramente batidos,
el queso rallado y las nueces.
Aceitar o enmantecar una
budinera y espolvorearla con
pan rallado o azúcar.

Colocar la preparación
y cocinar a baño de María en
horno moderado 45 minutos.
Verificar la cocción, dejar
pasar el calor fuerte
y desmoldar.
Servir tibio o frío.

✔ Para completar el menú: "Jamón al borgoña". (Ver pág. 37)

Gratín de chauchas al jamón

4 PORCIONES · 30 MINUTOS

18 MINUTOS · FACIL

INGREDIENTES

Chauchas frescas o congeladas	600 g
Manteca	40 g
Cebolla	1
Jamón cocido	150 g
Yemas	2
Crema de leche	150 g
Queso raggianito o similar rallado	4 cucharadas
Sal y pimienta blanca de molinillo	A gusto
Pan rallado	2 cucharadas

Si las chauchas son frescas, limpiarlas quitándoles los extremos y los hilos, cocinarlas destapadas en agua con sal, para que conserven el color verde, hasta que estén tiernas pero "al dente", escurrirlas. Rehogar en la manteca la cebolla picada y agregar el jamón picado.

Saltear y añadir las chauchas, colocar en una fuente para horno. Mezclar las yemas con la crema, el queso y condimentar con sal y un toque de pimienta. Verter sobre las chauchas y espolvorear con el pan rallado. Gratinar en horno caliente 12 minutos.

✓ **Para completar el menú: "Cuadril en salsa de cebolla".**
(Ver pág. 175)

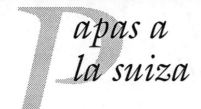

Papas a la suiza

4 PORCIONES   40 MINUTOS

15 MINUTOS   FACIL

INGREDIENTES

Papas	650 g
Cebolla grande	1
Manteca	50 g
Leche	1 taza
Sal, pimienta, tomillo y orégano	A gusto
Jamón	100 g
Queso gruyère o emmenthal rallado	5 cucharadas

Pelar las papas y cortarlas en rodajas muy finas.
Cortar la cebolla por la mitad y luego en rodajas finas, saltearlas en la manteca.
Colocar la leche en una tartera enmantecada, acomodar una capa de papas, condimentar con sal, pimienta, tomillo y orégano, encima cebolla, y nuevamente papas, condimentos y cebolla.
Repetir hasta que se terminen los ingredientes.
Cocinar tapado en horno moderado hasta que las papas estén tiernas, la leche se haya consumido y resulte como una tortilla.
Espolvorear con el queso rallado y cocinar 10 minutos más.

✓ **Para completar el menú: "Matambritos de carne". (Ver pág. 183)**

Pastel criollo

6 PORCIONES   50 MINUTOS

20 MINUTOS   ELABORADA

INGREDIENTES

Calabaza rallada	2 tazas
Leche	250 cc
Cubo de caldo de ave	1
Cebollas de verdeo	2
Manteca	25 g
Choclo entero	1 lata
Pollo hervido	2 pechugas
Jamón cocido en un trozo	100 g
Huevos	3
Sal y pimienta	A gusto
Queso rallado	3 o 4 cucharadas

Cocinar la calabaza rallada en la leche con el cubo de caldo durante 10 minutos.
Rehogar las cebollas cortadas en rodajitas en la manteca.
Mezclar las cebollas, la calabaza, el choclo escurrido, el pollo y el jamón cortados en tiritas.

Agregar las yemas, condimentar con sal, pimienta y 3 o 4 cucharadas de queso rallado.
Incorporar las claras batidas a nieve, si se desea, con 2 cucharadas de azúcar.
Colocar en una fuente térmica enmantecada y cocinar en horno moderado 35 minutos.

✓ Para completar el menú: "Paté especial". (Ver pág. 22)

Pastel de cebollas azucarado

8 PORCIONES   35 MINUTOS

18 MINUTOS   FACIL

INGREDIENTES

Discos de pascualina	1 paquete
Mostaza	2 cucharaditas
Cebollas	750 g
Manteca	40 g
Panceta ahumada	150 g
Sal y pimienta	A gusto
Huevos	3
Crema de leche	150 g
Queso gruyère o similar rallado	5 cucharadas
Azúcar	3 cucharadas

Tapizar una tartera enmantecada con uno de los discos de masa y untar la base con la mostaza.

Cortar las cebollas por la mitad y luego en rodajas, *Saltear* ligeramente en la manteca la panceta cortada en tiritas, agregar las cebollas y mezclar bien.

Cocinar esta preparación tapada, moviéndola de vez en cuando hasta que esté tierna, retirar del fuego y condimentar con sal y pimienta.

Agregar los huevos, la crema y el queso rallado.

Acomodar en la tartera, sobre un disco de masa, y cubrir con el otro.

Unir las dos masas y formar un repulgue, pinchar la masa

superior, pincelar con huevo o leche y espolvorear con el azúcar. *Cocinar en horno* moderado 35 minutos.

Nota: *Si no le agrada dulce, suprima el azúcar.*

✔ **Para completar el menú: "Involtini de carne a la portuguesa".** (Ver pág. 181)

Pastel de puerros, jamón y almendras

8 PORCIONES

35 A 40 MINUTOS MAS
EL DE LOS PUERROS

20 MINUTOS

ELABORADA

INGREDIENTES

Discos de pascualina	1 paquete
Mostaza	2 cucharaditas
Puerros	1 kg
Cebolla	1
Manteca	30 g
Crema de leche	200 g
Huevos	4
Jamón	100 g
Sal, pimienta y nuez moscada	A gusto
Almendras	50 g
Queso gruyère o similar rallado	4 cucharadas

Tapizar una tartera enmantecada con un disco de pascualina y untarlo con la mostaza.

Limpiar los puerros, dejando las partes verdes tiernas. Cocinarlos en agua con sal hasta que estén tiernos, escurrirlos y picarlos ligeramente.

Mezclar con la cebolla picada y rehogada en la manteca, agregar la crema, los huevos ligeramente batidos y el jamón picado.

Condimentar con sal, pimienta y nuez moscada.

Añadir las almendras tostadas y picadas y el queso.

Verter sobre el disco de masa,

205

cubrir con el otro y formar un
repulgue con las dos masas.
Pincelar con huevo y cocinar

en horno moderado
35 a 40 minutos.

✔ Para completar el menú: "Pechugas de pollo en salsa de ananás".
(Ver pág. 154)

Pastel de zanahorias

6 PORCIONES

20 MINUTOS

45 MINUTOS MAS
EL DE LAS ZANAHORIAS

FACIL

INGREDIENTES

Masa express

Harina leudante	2 tazas
Sal, pimienta y pimentón	A gusto
Aceite	1/2 taza
Agua hirviendo	1 taza

Relleno

Zanahorias	3/4 kg
Puerro	1
Ricota	200 g
Huevos	4
Queso rallado	4 cucharadas
Aceite	3 cucharadas
Sal, pimienta y nuez moscada	A gusto

Preparar la masa express siguiendo las indicaciones de la masa de tarta mousse de zapallitos. Dejarla entibiar y cortarla en dos partes, una mayor que la otra.

Estirar la mayor y tapizar con ella una tartera enmantecada y enharinada. Hervir en agua con sal las zanahorias peladas y cortadas en trozos junto con el puerro; cuando están tiernas, escurrir.

Colocar en el vaso de la
licuadora las zanahorias,
el puerro, la ricota, los huevos,
el queso rallado y el aceite.
Condimentar con sal, pimienta
y nuez moscada y licuar.
Colocar en la tartera,
sobre la masa.
Estirar el otro trozo de masa
y cubrir el relleno.
Formar un repulgue, uniendo
las dos masas, pincelar con
huevo, y si se desea un sabor
agridulce, espolvorear con 2
cucharadas de azúcar.
Cocinar en horno
moderado 45 minutos.

✔ Para completar el menú: "Escalopes 10 minutos".
(Ver pág. 177)

Ratatouille de cebollas y panceta

6 PORCIONES

35 MINUTOS

18 MINUTOS

FACIL

INGREDIENTES

Cebollas	3/4 kg
Manteca	40 g
Panceta ahumada en un trozo	150 g
Sal, pimienta y nuez moscada	A gusto
Queso sardo o similar rallado	4 cucharadas
Huevos	3
Harina leudante	1 pocillo
Leche	1 taza

Pelar y cortar las cebollas por la mitad y luego en rodajas finas. Cocinarlas en agua hirviendo con sal durante 4 minutos y escurrirlas.

Cortar la panceta en tiritas y saltearla en 20 g de manteca, agregar las cebollas y rehogarlas unos segundos. Condimentar con sal, pimienta y nuez moscada, agregar 2 cucharadas de queso y colocar en una fuente para horno.

Licuar los huevos con la harina, la leche, el resto de queso y 20 g de manteca derretida. Condimentar con sal y pimienta y licuar unos segundos. Verter sobre las cebollas y cocinar en horno moderado 25 minutos. Acompañar con una ensalada fresca de tomates, zanahorias ralladas y pepinos en rodajas, rociados con aceite de oliva, sal, aceto balsámico y pimienta recién molida.

✓ Para completar el menú: "Pizza con huevos fritos". (Ver pág. 83)

Strudel de cebollas

6 PORCIONES   40 MINUTOS

20 MINUTOS   FACIL

INGREDIENTES

Tapa de pascualina rectangular	1
Mostaza	1 cucharadita
Manteca	75 g
Cebollas	3/4 kg
Sal y pimienta	A gusto
Perejil picado	2 cucharadas
Queso gruyère o similar rallado	5 cucharadas

Estirar la tapa de pascualina, para afinarla.

Acomodar la masa sobre un lienzo enharinado y pincelarla con la mostaza y 25 g de la manteca derretida.

Cocinar en el resto de manteca las cebollas peladas, partidas por la mitad y cortadas en rodajas finas, hasta que estén tiernas pero no doradas.

Condimentarlas con sal y pimienta y si tuvieran demasiado líquido, escurrirlas.

Agregar el perejil y el queso rallado.

Distribuir el relleno en un extremo de la masa y arrollar con ayuda del lienzo.

Colocar en una placa enmantecada y pincelar con la mostaza y la manteca fundida.

Cocinar en horno moderado 30 minutos.

✔ **Para completar el menú: "Pollo grillé dorado al queso".** (Ver pág. 166)

Tarta mousse de zapallitos

6 PORCIONES   45 MINUTOS

25 MINUTOS   FACIL

INGREDIENTES

Masa

Harina leudante	1 taza colmada
Aceite	1/4 taza
Sal y pimienta	A gusto
Pimentón o condimento para arroz	1 cucharadita
Agua hirviendo	1/2 taza

Relleno

Zapallitos	3/4 kg
Cebolla	2 cucharadas
Huevos	4
Aceite	2 cucharadas
Queso rallado	4 cucharadas
Sal, pimienta y nuez moscada	A gusto

Colocar la harina en un bol, agregar el aceite y condimentar con sal, pimienta y, si es posible, 1 cucharadita de pimentón o condimento para arroz, para colorear la masa, ya que ésta no lleva huevo. Incorporar el agua hirviendo y mezclar con cuchara de madera o en batidora.
Colocar sobre la mesada y dejarla entibiar.
Estirar la masa y tapizar una tartera enmantecada.
Cocinar los zapallitos cortados por la mitad en agua con sal.

211

Escurrirlos muy bien y colocarlos en el vaso de la licuadora con la cebolla, los huevos, el aceite y el queso. Condimentar con sal, pimienta *y nuez moscada y colocar sobre la masa. Espolvorear con queso rallado y cocinar en horno moderado 45 minutos.*

✓ **Para completar el menú: "Hamburguesas de arroz".**
(Ver pág. 115)

Tartas express de vegetales

8 PORCIONES   45 MINUTOS

15 MINUTOS   MUY FACIL

INGREDIENTES

Disco de masa de pascualina	1
Mostaza	1 cucharada
Sopa crema de tomate	1 paquete
Leche	1 taza
Queso blanco	200 g
Huevos	3
Tomates	3
Albahaca picada	2 cucharadas
Sal y pimienta	A gusto

Tapizar una tartera enmantecada con el disco de masa, untar el fondo con la mostaza. Mezclar la sopa crema con la leche, el queso blanco, los huevos y 1 tomate cortado en cubos pequeños. Colocar dentro de la tarta y cubrir con el resto de tomates cortados en rodajas. Condimentar con sal, pimienta y albahaca picada. Cocinar en horno moderado 45 minutos.

Sugerencias

1) Utilice como base un paquete de sopa crema de espárragos, decore la cubierta con espárragos hervidos.
2) Utilice como base un paquete de sopa crema de hongos, decore con champiñones cortados

213

en láminas.

*3) Utilice como base un
paquete de sopa crema
de cebolla, decore
con aros de cebolla.*

*4) Utilice como base un
paquete de sopa crema
de choclo, decore
con rodajas de huevo duro.*

✔ **Para completar el menú: "Huevos a la siciliana". (Ver pág. 50)**

Legumbres secas

Cazuela de garbanzos bilbaína

6 PORCIONES   50 MINUTOS

18 MINUTOS   FACIL

INGREDIENTES

Ajo	3 dientes
Aceite	3 cucharadas
Panceta fresca	100 g
Pechito de cerdo (cortado en trozos pequeños)	1/2 kg
Tomate al filetto	1 lata
Sal, pimienta y laurel	A gusto
Pimentón	1 cucharadita
Repollo blanco chico	1
Caldo	2 tazas
Vino blanco	4 cucharadas
Garbanzos	2 latas

Dorar los dientes de ajo en el aceite y retirarlos.
Agregar la panceta cortada en tiritas y el pechito de cerdo, saltear unos segundos.
Incorporar el tomate, condimentar con sal, pimienta, laurel y pimentón.

Rociar con el vino y el caldo, preparado con 2 cubos de caldo de carne, incorporar el repollo sin las hojas duras y cortado en trozos.
Cocinar tapada, a fuego suave, 30 minutos. Añadir los garbanzos escurridos y proseguir la cocción 10 minutos más.

✓ Para completar el menú: "Matambritos de carne". (Ver pág. 183)

Ensalada Triana de porotos

5 PORCIONES   NO HAY

8 MINUTOS   MUY FACIL

INGREDIENTES

Porotos	1 lata
Atún	1 lata
Tomates	4
Escarola	1 planta
Huevos duros	3
Sal, pimienta y comino	A gusto
Aceite de oliva	3 cucharadas
Vinagre	1 cucharada
Ajo	1 diente
Aceitunas negras	100 g

Escurrir los porotos y colocarlos en una fuente con el atún desmenuzado.
Bordear con la escarola cortada en tiritas, acomodar encima los huevos duros cortados en cuartos y 3 tomates cortados en cubos.

Licuar el tomate restante con la sal, la pimienta, una pizca de comino, el aceite, el vinagre y el diente de ajo.
Verter sobre la ensalada y distribuir encima las aceitunas.
Servir bien fría.

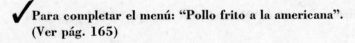

Para completar el menú: "Pollo frito a la americana".
(Ver pág. 165)

218

Fabada express

INGREDIENTES

Cebolla	1
Ají rojo	1
Ajo	2 dientes
Aceite	3 cucharadas
Panceta fresca	200 g
Papas (cortadas en cubos)	6
Cubos de caldo de carne	2
Morcilla	1
Chorizo colorado	1
Porotos (alubias)	2 latas
Pimentón	2 cucharaditas
Perejil picado	2 cucharadas

Cortar la cebolla y el ají en rodajas finas, agregar los ajos picados y rehogar con el aceite en una cazuela. Incorporar la panceta cortada en tiritas y las papas, cubrir con los cubos de caldo diluidos en 2 tazas de agua hirviendo.
Cocinar a fuego lento hasta que las papas estén casi tiernas.
Incorporar la morcilla, el chorizo y los porotos escurridos.
Cocinar 12 minutos y espolvorear el pimentón y perejil.
Servir bien caliente en cazuelitas, distribuyendo la morcilla y el chorizo en rodajas.

✓ **Para completar el menú: "Arrollado sin cocción". (Ver pág. 16)**

Menestra con lentejas

5 PORCIONES  15 MINUTOS

12 MINUTOS   MUY FACIL

INGREDIENTES

Manteca	30 g
Cebolla	1
Ají rojo	1
Ajo	1 diente
Jamón crudo o panceta	100 g
Lentejas	1 lata
Arvejas	1 lata
Plantas de lechuga chicas	5
Huevo	1
Aceite	Para freír
Sal, pimienta y tomillo	A gusto
Caldo	1 taza
Huevos duros	5
Perejil picado	2 cucharadas

Rehogar en la manteca la cebolla, el ají y el ajo picados. Agregar el jamón, o la panceta, cortado en tiritas, saltearlo. Añadir las lentejas y las arvejas escurridas.

Pasar las hojas de lechuga por el huevo batido y freírlas en el aceite. Acomodarlas en la cazuela, condimentar con sal, pimienta y tomillo y rociar con el caldo.

Distribuir los huevos duros cortados en cuartos y cocinar 8 a 10 minutos, moviendo la cazuela. Servir espolvoreada con el perejil.

Nota: este es un plato muy rendidor y resulta más económico si se utilizan lentejas sueltas o en bolsas. En ese caso hay que remojarlas antes de preparar la menestra.

✓ Para completar el menú: "Pollo al barro (realmente a la masa)".
(Ver pág. 163)

Guarniciones

Aros de cebolla y tomate en masa

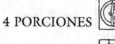

4 PORCIONES EL DE LA FRITURA

12 MINUTOS MUY FACIL

INGREDIENTES

Cebolla	1
Tomates	2
Harina leudante	300 g
Huevos	2
Sal y pimienta	A gusto
Perejil picado	1 cucharada
Queso rallado	3 cucharadas
Leche	Cant. nec.
Aceite	Para freír

Pelar la cebolla, cortarla en rodajas más bien finas y separarla en aros. Cortar los tomates en rodajas y condimentar todo con sal y pimienta. Mezclar la harina con los huevos, condimentar con sal, pimienta y 1 cucharada de perejil.

Agregar el queso y la cantidad de leche necesaria hasta formar una pasta de regular consistencia. Pasar los aros de cebolla y las rodajas de tomate por la pasta y freírlos en el aceite caliente hasta dorar. Espolvorear con sal y servir enseguida.

✓ **Para acompañar carnes rojas, blancas o como plato de entrada.**

Arvejas a la francesa

4 PORCIONES   6 MINUTOS

12 MINUTOS   MUY FACIL

INGREDIENTES

Cebollas de verdeo	2
Aceite	3 cucharadas
Panceta ahumada	100 g
Tomate mediano	1
Lechuga criolla	1 planta mediana
Arvejas	1 lata
Caldo de carne	1 cubo
Harina	1 cucharadita
Manteca	2 cucharaditas
Sal y pimienta	A gusto

Cortar las cebollas en rodajitas finas y rehogarlas en el aceite. Agregar la panceta cortada en tiritas y saltear. Añadir el tomate pelado y cortado en cubos, mezclar. Incorporar la lechuga cortada en juliana y las arvejas. Rociar con el cubo de caldo diluido en 1 pocillo de agua. Cocinar 2 minutos y agregar la harina pisada con la manteca. Condimentar con sal y pimienta. Cocinar 2 minutos más.

✔ **Para acompañar carnes rojas o blancas o como entrada.**

Bananas indianas al curry

4 PORCIONES   5 MINUTOS

10 MINUTOS   MUY FACIL

INGREDIENTES

Bananas grandes	4
Jugo de limón	4 cucharadas
Echalotes	4 o 1 cebolla
Manteca	25 g
Pimienta blanca	A gusto
Curry	1 cucharadita
Vino blanco	4 cucharadas
Crema de leche	50 g
Almendras tostadas y saladas o maníes salados	50 g

*Cortar las bananas en
rodajas y rociarlas
con el jugo de limón.
Picar los echalotes o la cebolla
y rehogar en la manteca.
Agregar las bananas,
condimentar con un toque de
pimienta de molinillo
y 1 cucharadita de curry.
Rociar con el vino y la crema.
Cocinar 3 minutos.*

*Espolvorear con las almendras
tostadas y saladas,
o con maní salado y servir.*

Almedras tostadas y saladas

*Sumergir las almendras
en agua caliente unos minutos,
escurrirlas y quitarles
la piel oscura.
Abrirlas por la mitad
y cortarlas en tiras.*

Acomodarlas en una fuente enmantecada y espolvorearlas con sal.
Tostarlas en horno moderado removiendo de vez en cuando, para que no se quemen.

Nota: *en lugar de almendras se pueden utilizar maníes salados.*

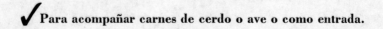 **Para acompañar carnes de cerdo o ave o como entrada.**

Buñuelos de huevo express

4 PORCIONES   18 MINUTOS

12 MINUTOS   MUY FACIL

INGREDIENTES

Huevos duros	4
Harina leudante	1 taza colmada
Huevo crudo	1
Sal, pimienta y nuez moscada	A gusto
Queso rallado	2 cucharadas
Leche	3/4 de taza
Aceite	Para freír

Cortar los huevos duros por la mitad, pero no a lo largo. Mezclar la harina con el huevo, sal, pimienta y una pizca de nuez moscada. Agregar el queso y la leche, una pasta de regular consistencia.

Sumergir las mitades de huevo duro en la pasta y envolverlos en la preparación. Freírlos en abundante aceite caliente, de ambos lados hasta que estén dorados. Escurrirlos sobre papel y servirlos espolvoreados con sal.

✓ Para acompañar ensaladas frescas o como guarnición de aves o carnes rojas.

Cebollitas Laura a la canela

5 PORCIONES   40 MINUTOS

12 MINUTOS   FACIL

INGREDIENTES

Cebollitas pequeñas	1/2 kg
Sal	Cant. nec.
Laurel	1 hoja
Manteca	40 g
Azúcar	3 cucharadas
Miel	1 cucharada
Pimienta de Cayena o blanca	A gusto
Canela en polvo	1 cucharadita

Cocinar las cebollitas peladas en agua con sal y 1 hoja de laurel, hasta que estén tiernas, pero no se deshagan. Calentar la manteca, agregar las cebollitas y saltear.

Espolvorear con el azúcar, la miel y un toque de pimienta. Mover las cebollitas hasta que se glaseen. Espolvorear con la canela, mezclar y servir tibias.

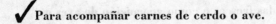 Para acompañar carnes de cerdo o ave.

Compota de cebollas

6 PORCIONES   45 MINUTOS

14 MINUTOS   FACIL

INGREDIENTES

Cebollas	700 g
Vinagre de manzana	3 cucharadas
Sal gruesa	1 cucharadita
Azúcar	300 g
Refresco de granadina	1 copita

Pelar las cebollas, partirlas
por la mitad y cortarlas
en rodajas finas.
Colocarlas en una cacerola
con el vinagre, la sal, el azúcar
y cubrir apenas con agua.
Cocinar a fuego lento con el
recipiente tapado
durante 20 minutos.
Luego destapar y dejar
que el líquido se empiece
a consumir.
Agregar la granadina
y proseguir cocinando
hasta casi acaramelizar.

✓ Para acompañar fiambres, carnes de cerdo o ave.

Gratinados de banana

6 PORCIONES   5 MINUTOS

8 MINUTOS   MUY FÁCIL

INGREDIENTES

Rodajas de pan integral o lácteo	6
Manteca	20 g
Bananas	4
Jugo de limón	4 cucharadas
Queso blanco	2 cucharadas
Mostaza	1 cucharadita
Sal y pimienta	A gusto
Queso fresco	150 g
Pimentón	2 cucharaditas

Descortezar el pan y untar las rodajas con la manteca. Tostarlas en el horno. Pisar 2 bananas con 2 cucharadas de jugo de limón, agregar el queso blanco y la mostaza, condimentar con una pizca de sal y pimienta. Distribuir sobre las tostadas y decorar con el resto de bananas, cortadas en rodajitas y rociadas con el resto de jugo de limón. Cubrir con tajadas de queso fresco y gratinar en horno caliente 3 a 4 minutos. Espolvorear con el pimentón.

✓ **Para acompañar carnes de cerdo o ave o como entrada.**

Medallones de calabaza con mozzarella

6 PORCIONES 30 MINUTOS

10 MINUTOS MUY FACIL

INGREDIENTES

Rodajas de calabaza	12
Sal y pimienta negra	A gusto
Aceite	3 cucharadas
Mozzarella	12 rodajas
Albahaca picada	2 cucharadas
Aceitunas negras	12

Acomodar las rodajas de calabaza en una fuente para horno con una base de 1 cm de agua. Condimentarlas con sal y pimienta y rociarlas con el aceite. Cocinar tapadas en horno moderado 20 minutos.

Distribuir encima las rodajas de mozzarella, espolvorear con la albahaca y decorar con las aceitunas.

Llevar nuevamente al horno 10 minutos más, hasta que el queso se funda.

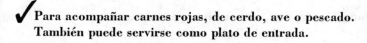

✔ **Para acompañar carnes rojas, de cerdo, ave o pescado. También puede servirse como plato de entrada.**

233

Papas fritas a la española

4 PORCIONES   EL DE LA FRITURA

8 MINUTOS   MUY FACIL

INGREDIENTES

Papas medianas	**4**
Sal gruesa	**1 cucharada**
Aceite	**Para freír**

Pelar y cortar las papas en rodajas más bien finas. Colocarlas en agua helada con sal gruesa y dejarlas durante por lo menos 20 minutos.

Escurrirlas, secarlas y sumergirlas en abundante aceite caliente hasta que estén doradas.

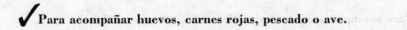

✔ **Para acompañar huevos, carnes rojas, pescado o ave.**

Papas soufflé

4 PORCIONES   EL DE LA FRITURA

8 MINUTOS FACIL

INGREDIENTES

Papas más bien grandes	**4**
Aceite	**Para freír**

*Pelar las papas y cortarlas
en rodajas de menos
de 1/2 cm de espesor.
Colocarlas en agua helada
con sal, dejarlas por lo menos
30 minutos.
Cocinarlas en abundante
aceite no muy caliente,*

*sin llegar a dorarlas.
Escurrirlas y dejar que
se enfríen.
Colocar el aceite sobre el fuego
hasta que esté muy caliente,
sumergir nuevamente las papas
que deben inflarse y dorarse.*

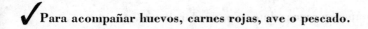

✓ **Para acompañar huevos, carnes rojas, ave o pescado.**

Perlas rojas

4 PORCIONES   12 MINUTOS

20 MINUTOS   FACIL

INGREDIENTES

Manzanas Granny Smith o Rommer	4
Remolachas hervidas	3
Jugo de limón	3 cucharadas
Manteca	40 g
Azúcar	3 cucharadas
Colorante vegeral rojo (optativo)	Cant. nec.

Pelar las manzanas.
Con ayuda del aparato de
papas noisettes, sacar de las
manzanas pequeñas esferitas.
Pelar las remolachas hervidas
y hacer lo mismo, sacando
esferas de la pulpa.
Colocar en una sartén las
esferas de manzana
y de remolacha.

Rociar con el jugo de limón,
agregar la manteca y
espolvorear con el azúcar.
Mover la sartén para que las
esferas de manzana se tiñan del
color rojo de las de remolacha
y se acaramelicen ligeramente.
Si se desea darles un color más
intenso, agregar unas
gotas de colorante rojo.

✓ **Para acompañar carnes de cerdo, cordero y ave.**

Puré duquesa

5 PORCIONES   EL DE LAS PAPAS

15 MINUTOS   MUY FACIL

INGREDIENTES

Papas	3/4 kg
Sal	A gusto
Yemas	2
Manteca	30 g
Pimienta y nuez moscada	Cant. nec.

Hervir las papas en agua con sal hasta que estén tiernas (al pincharlas no deben ofrecer resistencia, eso evita que absorban demasiada agua). Escurrirlas y pisarlas. Mezclar con las yemas, la manteca y condimentarlas con sal, pimienta y nuez moscada.

Sugerencia: *Preparar el puré duquesa utilizando una caja de puré en copos. En ese caso, preparar el puré con 700 cc de agua, 30 g de manteca, sal, pimienta y nuez moscada,*

mezclar luego con 2 yemas.

Otras ideas
Puré de espinacas
Mezclar el puré duquesa con 4 cucharadas de espinacas hervidas, exprimidas y picadas.

Puré de remolachas
Mezclar el puré duquesa con 4 cucharadas de remolachas hervidas y procesadas o ralladas finas.

Puré de berros
Mezclar el puré duquesa con 4 cucharadas de hojas de berros procesadas.

✓ **Para acompañar carnes de todo tipo.**

237

Remolachas Agridulces

5 PORCIONES   30 MINUTOS

20 MINUTOS   FACIL

INGREDIENTES

Remolachas	**3/4 kg**
Sal gruesa	**2 cucharaditas**
Azúcar	**125 g**

Lavar las remolachas y cocinarlas en agua con sal hasta que estén casi tiernas. Escurrirlas, pelarlas y cortarlas en rodajas. Colocar el azúcar en un recipiente, cubrir apenas con agua y cocinar 4 minutos. Agregar las remolachas, mezclar y cocinar hasta que el agua se haya consumido y comiencen a acaramelizarse.

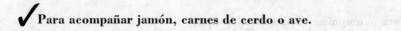 **Para acompañar jamón, carnes de cerdo o ave.**

Tortinas de papas

5 PORCIONES   EL DE LA FRITURA

15 MINUTOS   FACIL

INGREDIENTES

Papas medianas	5
Huevos	2
Sal y pimienta	A gusto
Harina	5 cucharadas
Queso rallado	2 cucharadas
Aceite	6 cucharadas
Manteca	40 g

Pelar las papas y rallarlas
con rallador de verdura
o procesarlas.
Colocar en un lienzo y ajustar,
para quitar toda el agua.
Mezclar con los huevos, la sal,
la pimienta blanca de molinillo,
la harina y el queso.

Calentar el aceite con la
manteca, tomar porciones de la
preparación por cucharadas,
aplanarlas ligeramente
y cocinar a fuego lento,
primero de un lado y luego del
otro, hasta que estén doradas.

✓ Para acompañar carnes rojas, hígado o carnes blancas.

*E*nsaladas

Ensalada caprese

INGREDIENTES

Tomates	1/2 kg
Mozzarella	300 g
Sal, pimienta y aceite de oliva	Cant. nec.
Albahaca picada gruesa	3 cucharadas

Pelar los tomates y quitarles parte de las semillas. Cortar en cubos los tomates y la mozzarella, mezclar.

Condimentar con sal y pimienta, rociar con 3 cucharadas de aceite y salpicar con la albahaca.

✓ **Para acompañar fiambres y carnes rojas o blancas.**

Ensalada de cítricos y paltas

5 PORCIONES   NO HAY

15 MINUTOS   FACIL

INGREDIENTES

Pomelos	**2**
Naranjas	**3**
Paltas	**3**
Limón	**1**
Mermelada de naranja	**1 cucharada**
Queso blanco	**2 cucharadas**
Pimienta blanca o de Cayena	**Un toque**

Pelar bien los pomelos y 2 naranjas.
Cortarlos en rodajas finas y cada rodaja, en cuartos.
Pelar las paltas, cortarlas en cubos y rociarlas con el jugo de limón.
Agregarlas a los cítricos.

Mezclar la mermelada con el queso blanco, un toque de pimienta blanca o pimienta de Cayena y aligerar con el jugo de la naranja reservada.
Verter sobre la ensalada, mezclar y servir bien fresca.

✓ **Para acompañar quesos, fiambres o pollo frío.**

Ensalada de espinacas

5 PORCIONES   NO HAY

14 MINUTOS   MUY FACIL

INGREDIENTES

Hojas de espinacas tiernas	5 tazas
Cubos de melón	2 tazas
Yogur natural	150 g
Sal y pimienta	A gusto
Jugo de limón	3 cucharadas
Semillas de sésamo	2 cucharadas
Manteca	1 cucharadita

Cortar las hojas de las espinacas en trozos y agregar el melón. Mezclar el yogur con sal, pimienta y 3 cucharadas de jugo de limón.

Verter sobre la ensalada y volver a mezclar. En una sartén, saltear unos segundos en manteca las semillas de sésamo y distribuir sobre la ensalada.

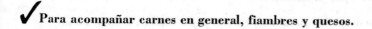

✓ **Para acompañar carnes en general, fiambres y quesos.**

Ensalada de porotos en salsa de hierbas

4 PORCIONES   EL DE LOS HUEVOS

12 MINUTOS   MUY FACIL

INGREDIENTES

Ajo	1 diente
Porotos	1 lata
Zanahorias ralladas	1 taza
Cebolla de verdeo	1
Tomates	2
Zucchini (zapallitos largos)	2
Albahaca y perejil picados	3 cucharadas
Aceite	5 cucharadas
Vinagre de manzana	2 cucharadas
Sal y pimienta	A gusto
Salsa de soja	1 cucharada
Huevos duros	2

Frotar una ensaladera con el diente de ajo.
Colocar en ella los porotos escurridos, las zanahorias, la cebolla cortada en rodajitas finas, los tomates en cubos, y los zapallitos rallados gruesos o pasados por procesadora.

Licuar la albahaca y el perejil con el aceite, el vinagre, la sal, la pimienta y la salsa de soja. Verter sobre la ensalada y mezclar bien.
Servir fría, espolvoreada con los huevos duros picados.

✔ **Para acompañar fiambres, carnes rojas asadas, o sola, como plato de entrada.**

Ensalada de verdes con vinagreta tibia

4 PORCIONES — NO HAY

8 MINUTOS — MUY FACIL

INGREDIENTES

Lechuga manteca	1 planta chica
Lechuga morada	1 planta chica
Lechuga criolla	1 planta chica
Escarola	1 planta chica
Hojas de berro	2 tazas
Ajos	2 dientes
Aceto balsámico	2 cucharadas
Aceite	4 cucharadas
Sal y pimienta	A gusto
Albahaca	5 a 6 hojas

Separar las hojas de las plantas de lechuga y escarola. Cortarlas en trozos con las manos y colocarlas en una fuente con las hojas de berro. Licuar los dientes de ajo con el aceto balsámico o vinagre de manzana, el aceite, la sal, la pimienta blanca de molinillo y las hojas de albahaca. En el momento de servir, entibiar y salsear la ensalada.

✔ **Para acompañar carnes rojas, blancas y asados a la parrilla.**

Ensalada Estambul

5 PORCIONES   30 MINUTOS

18 MINUTOS   FACIL

INGREDIENTES

Berenjenas	5
Cebolla	1
Tomates medianos	3
Ajo	3 dientes
Sal y pimienta	A gusto
Vinagre de manzana	2 cucharadas
Aceite	4 cucharadas
Rodajas de pan lácteo	10
Perejil picado	2 cucharadas
Lechuga morada o berros	Cant. nec.

Asar en el horno o sobre la parrilla, las berenjenas, la cebolla y los tomates. Cuando están cocidos, envolverlos en papel hasta que se entibien. Pelarlos y picarlos. Mezclar con los ajos picados a crema, condimentar con sal, pimienta, vinagre de manzana y 4 cucharadas de aceite, preferentemente de oliva. Distribuir sobre las rodajas de pan fritas en aceite y espolvorear con el perejil. Acomodar en una fuente cubierta con hojas de lechuga morada o berros.

✓ **Para acompañar asado a la parrilla o carne de cordero. También puede servirse como plato de entrada.**

248

Ensalada Luciana de Ibiza

5 PORCIONES   NO HAY

18 MINUTOS   FACIL

INGREDIENTES

Pollo cocido y cortado en cubos	2 tazas
Camarones	150 g
Manzanas Granny Smith en cubos	2
Melón en cubos	2 tazas
Yogur natural	200 g
Sal, pimienta	A gusto
Limones	2
Hojas de lechuga crespa	Cant. nec.
Almendras	50 g

Colocar en un bol el pollo, los camarones, las manzanas y el melón.
Mezclar el yogur con la sal, la pimienta, 3 cucharadas de jugo de limón, 1 cucharadita de ralladura de limón y la mayonesa. Tapizar una fuente con hojas de lechuga, acomodar en el centro la ensalada y rociar con la salsa.

Sumergir las almendras en agua caliente y quitarles la película oscura. Abrirlas por la mitad y colocarlas en el horno, en placa enmantecada, y cocinarlas, moviéndolas de vez en cuando, hasta dorarlas. Espolvorear la ensalada con las almendras.

✓ **Para acompañar carnes rojas y blancas.**

Ensalada Maytere de champiñones y naranjas

6 PORCIONES   NO HAY

20 MINUTOS   FACIL

INGREDIENTES

Naranjas	3
Champiñones	300 g
Cebolla grande	1
Hojas de berro	3 tazas
Sal, pimienta blanca	A gusto
Aceite de oliva	3 cucharadas
Jugo de limón	3 cucharadas
Yogur natural	100 g
Salsa inglesa	1 cucharada

Pelar a vivo las naranjas y cortarlas en gajitos o cubos. Mezclar los champiñones cortados en láminas, la cebolla pelada, cortada por la mitad, y luego, en rodajitas finas, y las hojas de berro; condimentar con sal y pimienta. Unir el aceite de oliva con el jugo de limón, el yogur y la salsa inglesa; condimentar con poca sal y un toque de pimienta blanca. Verter sobre la ensalada y mezclar. Macerar en heladera por lo menos 30 minutos antes de servir.

✓ Para acompañar carnes rojas o blancas y fiambres, o sola, como plato liviano de entrada.

250

Ensalada Natalia con sabor frutado

5 PORCIONES   NO HAY

15 MINUTOS   MUY FACIL

INGREDIENTES

Peras	**3**
Jugo de limón	**2 cucharadas**
Queso roquefort	**150 g**
Queso emmenthal o gruyère	**150 g**
Blanco de apio	**2 tazas**
Lomito ahumado en un trozo	**150 g**
Crema de leche	**150 g**
Mostaza	**1 cucharadita**
Sal y pimienta blanca	**A gusto**
Salsa inglesa	**1 cucharadita**
Ralladura de piel de naranja	**2 cucharadas**
Nueces	**3 cucharadas**

Pelar las peras, partirlas por la mitad, quitarles el centro y cortarlas en cubos. Rociarlas con la mitad del jugo de limón. Agregar los quesos y el lomito cortados en cubos y el apio, en rodajitas.

Mezclar la crema con la mostaza, sal, pimienta, el resto de jugo de limón, la salsa inglesa y la ralladura de piel de naranja. Verter sobre la ensalada y mezclar bien. Espolvorear con las nueces.

✔ **Para acompañar carnes de cerdo o ave o como entrada.**

Ensalada oriental

5 PORCIONES   NO HAY

15 MINUTOS   FACIL

INGREDIENTES

Pollo hervido y cortado en tiritas	3 tazas
Pomelos	2
Tomates	2
Brotes de soja	2 tazas
Cebolla picada	2 cucharadas
Aceite	3 cucharadas
Salsa de soja	2 cucharadas
Jugo de limón	2 cucharadas
Tomillo, sal y pimienta	A gusto
Jengibre (optativo)	Una pizca

Mezclar el pollo con los pomelos pelados a vivo y cortados en rodajas finas, y cada rodaja, en 4 partes. Agregar los tomates cortados en cubos, los brotes de soja y la cebolla. Mezclar el aceite, la salsa de soja, el jugo de limón; condimentar con tomillo, sal, pimienta y, si lo desea, jengibre. Verter sobre la ensalada.

✔ **Para acompañar carnes rojas, de ave o cerdo.**

Ensalada provenzal

5 PORCIONES   EL DE LAS PAPAS

15 MINUTOS   FACIL

INGREDIENTES

Papas nuevas medianas	10
Sal	A gusto
Laurel	2 hojas
Mozzarella	150 g
Anchoas	4
Aceite de oliva	6 cucharadas
Vinagre de vino	2 cucharadas
Pimienta y albahaca	A gusto
Aceitunas negras	50 g
Tomates peritas	5

Cocinar las papas bien lavadas en agua con sal y 2 hojas de laurel. Cuando están tiernas, escurrirlas, dejarlas entibiar y pelarlas. Cortarlas en rodajas y agregar la mozzarella en cubos. Picar a puré las anchoas, mezclar con el aceite, el vinagre, la sal y la pimienta blanca de molinillo. Verter sobre la ensalada y distribuir encima la albahaca picada, las aceitunas negras y los tomates peritas cortados en cuartos.

✓ Para acompañar carnes rojas, de ave, pescado y fiambres.

Ensalada tibia de hinojos

5 PORCIONES   25 MINUTOS

20 MINUTOS   FACIL

INGREDIENTES

Hinojos	5
Cebolla	1
Zanahorias	2
Ajo	4 dientes
Vinagre de manzana	1 taza
Sal gruesa	1 cucharadita
Laurel	1 hoja
Aceite	4 cucharadas
Perejil picado	2 cucharadas

Desechar las hojas duras de los hinojos y cortarlos en rodajas finas. Cortar también la cebolla y las zanahorias en rodajas bien finas. Colocar todo en un recipiente con los dientes de ajo, la sal, el laurel y cubrir con agua. Cocinar hasta que los vegetales estén tiernos pero "al dente". Escurrir y servir tibia, rociada con el aceite, preferentemente de oliva. Espolvorear con el perejil.

✓ Para acompañar carnes rojas, de ave o pescado.

Ensalada Toledo

4 PORCIONES   NO HAY

10 MINUTOS   MUY FACIL

INGREDIENTES

Atún	1 lata
Escarola	1 planta
Cebolla	1
Ají rojo	1
Tomates	2
Huevos duros	2
Aceitunas verdes	100 g
Almendras saladas	3 cucharadas
Sal y pimienta	A gusto
Aceite de oliva	A gusto

Acomodar en una fuente las hojas de escarola. Distribuir en el centro el atún, la cebolla y el ají cortados en aros finos. Agregar el tomate cortado en cubos y los huevos duros en cuartos. Decorar con las aceitunas enteras. Condimentar con sal, pimienta y aceite de oliva. Espolvorear con las almendras saladas, fileteadas.

✓ **Para acompañar fiambres o como plato de entrada.**

255

◄ SALSA MAYONESA
  CON ESPINACAS

▼ ENSALADA PROVENZAL

▲ CREMA HELADA
DE HIGOS SECOS

◄ BOCADITOS PARA ACOMPAÑAR EL CAFE

▼ PERAS AL VINO ROJO

▼ NUBES DE LIMON

◄ PANCITOS TIERNOS EZEQUIEL

▼ TORTA EXPRESS EN EL MOLDE

Salsas frías y calientes

Salsas frías y calientes

* *

Salsa al filetto

Pasar 300 g de tomates por agua caliente.
Pelarlos, quitarles parte de las semillas y picarlos
(Se pueden utilizar tomates en lata).
Dorar 1 diente de ajo en 2 cucharadas de aceite
y agregar los tomates.
Condimentar con sal, pimienta y una pizca de azúcar.
Cocinar 2 o 3 minutos.

Salsa bechamel (y sus variantes)

Colocar en un recipiente 2 cucharadas de harina con 30 g
de manteca y 500 cc de leche.
Condimentar con sal, pimienta y nuez moscada.
Cocinar, revolviendo hasta que rompa el hervor
y tome consistencia cremosa.

Salsa bechamel al curry con yemas

Agregar a la salsa bechamel 2 yemas y 1 cucharadita de curry.

Salsa Mornay

Agregar a la salsa bechamel 3 cucharadas de queso
gruyère o similar rallado.

Salsa velouté

Preparar la salsa bechamel con los mismos ingredientes, pero
reemplazando la leche por caldo de ave, carne, verdura o pescado.

Salsa de grosellas

Hervir 500 cc de vino tinto con un trocito de canela en rama y 2 granos de pimienta, hasta reducirlo a la mitad.
Filtrarlo y mezclar con 3 cucharadas de mermelada de grosellas u otra mermelada ácida y 1 cucharadita colmada de mostaza.

Salsa de yogur

Mezclar el contenido de 1 yogur natural con 1 cucharada de cebolla rallada o 1 cucharadita de concentrado natural de cebolla, 3 cucharadas de mayonesa, sal, pimienta y 3 cucharadas de jugo de limón.

Salsa mayonesa (y sus variantes)
Salsa mayonesa a la crema

Mezclar 250 g de mayonesa con 50 g de crema de leche. Condimentar con una pizca de mostaza y 2 cucharadas de jugo de limón.

Salsa golf

Mezclar 250 g de mayonesa con 2 cucharadas de salsa ketchup y 1 cucharadita de salsa inglesa.

Salsa mayonesa con anchoas y nueces

Mezclar 250 g de mayonesa con 2 anchoas picadas a crema y 3 cucharadas de nueces picadas.

Salsa mayonesa con espinacas

Mezclar 250 g de mayonesa con 3 cucharadas de espinacas hervidas y picadas a crema.

Salsa tártara

Mezclar 250 g de mayonesa con 2 yemas duras picadas y 3 cucharadas de alcaparras. Se puede variar reemplazando las alcaparras por 3 cucharadas de aceitunas verdes fileteadas y 2 cucharadas de pepinitos en vinagre picados.

Postres y tortas

Alfajor con tres ingredientes

8 PORCIONES

6 A 7 MINUTOS
POR DISCO

20 MINUTOS

FACIL

INGREDIENTES

Yemas	5
Leche	3 cucharadas
Harina	8 cucharadas
Dulce de leche	Cant. nec.
Clara de huevo	1
Azúcar impalpable	1 taza
Jugo de	1 limón

Mezclar las yemas con la leche y la harina.

Tomar la masa, formar un cilindro y cortarlo en 5 partes.

Estirarlas bien finitas, darles forma circular con ayuda de un plato y cortar los excedentes de masa.

Pinchar ligeramente los discos de masa y cocinarlos en horno caliente 6 a 7 minutos.

A medida que se van sacando del horno, armar el alfajor untando las tapas con dulce de leche y ajustando ligeramente.

Para la cubierta, mezclar la clara con el azúcar impalpable hasta formar un glasé espeso.

Aligerarlo con jugo de limón hasta que tome consistencia de salsa y verter sobre el alfajor.

263

Bizcochuelo casi un flan

10 A 12 PORCIONES   35 MINUTOS

20 MINUTOS   FACIL

INGREDIENTES

Bizcochuelo de vainilla	1 paquete
Huevos	3
Leche	225 cc
Mermelada ácida	3 cucharadas
Flan de vainilla o chocolate	1 paquete
Leche	1 litro

Preparar el bizcochuelo con los huevos y la leche, siguiendo las indicaciones del envase.

Cocinarlo en un molde desarmable de 22 a 24 cm de diámetro, enmantecado y enharinado.

Desmoldarlo y dejarlo enfriar.

Cortarlo en capas, colocar una de ellas dentro del molde y untar con la mermelada.

Preparar el flan siguiendo las indicaciones del envase.

Verter por cucharadas sobre la primera capa de bizcochuelo, colocar otra capa, untar con mermelada y agregar flan; repetir hasta finalizar los ingredientes.

Cubrir la parte superior con abundante flan y dejar solidificar en heladera.

Retirar el aro del molde, acomodar en una fuente y servir bien frío.

Sugerencia: *Pueden cambiarse los sabores, utilizando bizcochuelo de chocolate, naranja o coco y otras variedades de flan.*

264

Bocaditos para acompañar el café
con chocolate cobertura

24 BOCADITOS NO HAY

15 MINUTOS MUY FACIL

INGREDIENTES

Queso blanco	250 g
Chocolate cobertura	100 g
Nueces molidas	50 g

*Filetear el chocolate
y derretirlo a baño de María
sin hacer hervir el agua.
Mezclar con el queso y dejar
unos minutos en heladera,
para enfriar.*

*Tomar porciones, pasarlas
por las nueces y darles
forma de esferitas.
Acomodar en pirotines
y mantener en heladera.*

265

Bocaditos para acompañar el café
con vainillas y dulce de leche

20 BOCADITOS   NO HAY

15 MINUTOS   MUY FACIL

INGREDIENTES

Bizcochos vainillas	8
Vino dulce	4 cucharadas
Dulce de leche pastelero	3 cucharadas
Cacao dulce	2 cucharadas
Nueces	Cant. nec.
Coco	50 g

Desmigar las vainillas o humedecerlas ligeramente con el vino.

Agregar el dulce de leche y el cacao.

Mezclar bien hasta formar una pasta.

Tomar porciones, agregar un trozo de nuez en cada una y envolverlo con la pasta.

Pasar por el coco y darles forma de esferas.

Acomodar en pirotines.

Budín de arroz y dulce de leche

8 PORCIONES   18 MINUTOS

20 MINUTOS   FACIL

INGREDIENTES

Arroz	1 pocillo
Cáscara de limón	1 trozo
Azúcar	3 cucharadas
Leche	1 litro
Flan de dulce de leche	1 paquete
Nueces	50 g
Canela	1 cucharadita

Cocinar el arroz en agua,
con la cáscara de limón
y el azúcar, 18 minutos.
Escurrirlo y retirar
la cáscara de limón.
Cocinar la leche con el flan,
revolviendo siempre hasta que
rompa el hervor.
Mezclar con el arroz y agregar
las nueces picadas y la canela.
Colocar en una budinera
humedecida con agua
o cubierta con caramelo claro.
Dejar solidificar en heladera,
desmoldar y decorar con crema
chantilly y medias nueces.

Caramelo claro
Colocar en un recipiente sobre
fuego 4 o 5 cucharadas de azúcar.
Cocinar revolviendo con cuchara
de madera, hasta que
tome color rubio.
Verter dentro del molde y hacer
deslizar el caramelo.

Nota: Si el caramelo
se realiza solamente con azúcar
puede revolverse lo que
sea necesario, pero si se agrega
agua al azúcar, no debe
revolverse porque se azucara.

Budín de pan y frutas

10 PORCIONES   55 MINUTOS

15 MINUTOS   FACIL

INGREDIENTES

Leche condensada	1 lata
Leche común	3 medidas de la lata
Huevos	5
Miga de pan	3 tazas
Frutas	1 taza
Azúcar para el caramelo	7 cucharadas

Mezclar la leche condensada con la leche común. Agregar el pan, remojarlo y desintegrarlo. Incorporar los huevos y las frutas cortadas en trocitos (manzanas, bananas, duraznos, etc.).

Preparar caramelo con el azúcar y acaramelizar una budinera. Colocar la preparación y cocinar en horno moderado 55 minutos. Dejar pasar el calor fuerte y desmoldar.

Caramelos de dulce de leche

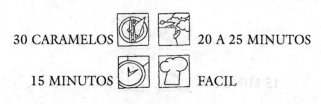

30 CARAMELOS	20 A 25 MINUTOS
15 MINUTOS	FACIL

INGREDIENTES

Leche condensada	**1 lata**
Glucosa	**La medida de la lata**
Azúcar	**La medida de la lata**
Manteca	**La medida de la lata**
Nueces, cacao amargo, coco	**Cant. nec.**

Colocar la leche condensada en un recipiente.
Agregar la glucosa, el azúcar y la manteca.
Cocinar, removiendo con cuchara de madera, hasta que la preparación tome casi punto de bolita dura, es decir cuando al colocar un poco de preparación dentro de agua se forme una bolita consistente.
Extender en una asadera enmantecada y, antes de que se enfríe, marcar con un cuchillo caramelos cuadrados.

Dejar enfriar y cortarlos.
Envolverlos en papel celofán.

De nuez
Agregar nueces a la preparación caliente

De chocolate
Agregar a la preparación caliente 3 cucharadas de cacao diluido en un poco de agua caliente.

De coco
Agregar a la preparación 100 g de coco tostado ligeramente en horno moderado y perfumar. si se desea, con esencia de coco.

Crema helada de higos secos

4 PORCIONES   15 MINUTOS

15 MINUTOS   MUY FACIL

INGREDIENTES

Higos blancos secos	16
Leche	700 cc
Crema de leche	300 g
Azúcar	3 cucharadas
Esencia de vainilla	2 cucharaditas

Remojar los higos en la leche por lo menos 2 horas.

Cocinarlos hasta que resulten tiernos y colocarlos en el vaso de la licuadora o en la procesadora, hasta desintegrarlos perfectamente.

Batir la crema con el azúcar y la esencia hasta que tome casi punto chantilly.

Mezclar con la crema de higos y llevar al congelador

4 o 5 horas.

Servir en copas, salseada con salsa de frambuesas y decorada con algunas frambuesas frescas o en almíbar.

Salsa de frambuesas

Cocinar 4 cucharadas de mermelada de frambuesas con 2 cucharadas de azúcar y 4 cucharadas de vino jerez o similar durante 3 minutos.

Florentinos fáciles

18 FLORENTINOS   10 MINUTOS

20 MINUTOS   FACIL

INGREDIENTES

Manteca	100 g
Azúcar	100 g
Clara	1
Harina común	75
Nueces, almendras y frutas abrillantadas picadas	1 pocillo
Chocolate cobertura	20 g o 1 sachet

Batir a temperatura ambiente la manteca con el azúcar, hasta obtener una crema. Agregar la clara y mezclar. Añadir la harina y las frutas, las nueces y las almendras picadas.
Sobre placa enmantecada y enharinada, distribuir la preparación por cucharaditas, aplanándolas con la parte convexa de la cuchara.
Cocinar en horno caliente 3 minutos y reservar.
Derretir el chocolate; si es de sachet, a baño de María sin que hierva el agua, y si es en tableta, filetearlo y fundirlo, también a baño de María sin que hierva el agua.
Sobre papel manteca, colocar porciones de chocolate, una para cada florentino, y apoyar en ellas las masitas reservadas.
Dejar solidificar el chocolate y despegar.

271

Lemon pie express

6 A 8 PORCIONES   30 MINUTOS

25 MINUTOS   ELABORADA

INGREDIENTES

Vainillas	12
Manteca	125 g
Leche condensada	1 lata
Ralladura de limón	2 cucharadas
Jugo de limón	1 vaso
Huevos	4
Azúcar	400 g

Desmenuzar las vainillas y mezclarlas con la manteca fundida. Acomodarlas en una tartera desarmable enmantecada. Mezclar la leche condensada con las yemas y la ralladura y el jugo de limón. Colocar sobre fuego, revolviendo con cuchara de madera hasta espesar y verter en la tartera sobre las vainillas. Poner las claras con el azúcar en un bol sobre fuego, batir y controlar el calor tocando con un dedo cuando las claras se entibien, retirar del fuego y seguir batiendo hasta obtener un merengue firme. Cubrir la tarta y cocinar en horno moderado 15 minutos.

Mantecados cuatro sabores

36 MANTECADOS	10 A 12 MINUTOS
18 MINUTOS	MUY FACIL

INGREDIENTES

Manteca	200 g
Azúcar	220 g
Huevos	3
Esencia de vainilla	2 cucharaditas
Harina leudante	240 g
Cacao	1 cucharada
Canela	1 cucharadita colmada
Nueces picadas	2 cucharadas
Coco rallado	2 cucharadas
Dulce de leche	Cant. nec.
Cerezas	Cant. nec.
Azúcar impalpable	Cant. nec.

Batir a temperatura ambiente la manteca con el azúcar, hasta obtener una crema.
Agregar los huevos uno por uno, batiendo cada vez y perfumar con la esencia.
Añadir la harina cernida, mezclar y separar en cuatro partes.

En la primera parte, agregar 1 cucharada de cacao, en la segunda 1 cucharadita colmada de canela y 2 cucharadas de nueces picadas, en la tercera 2 cucharadas de coco rallado y en la cuarta, no incorporar otros ingredientes. Estos últimos serán los mantecados

a la vainilla.
Distribuir en pirotines
de papel, llenándolos
solamente hasta las 3/4 partes.
Acomodar sobre una placa
y cocinar en horno caliente

10 a 12 minutos.
A los mantecados a la vainilla
decorarlos con un copete
de dulce de leche y un trozo
de cereza, espolvorear otros con
azúcar impalpable.

Mousse de chocolate Mamina

5 PORCIONES   NO HAY

15 MINUTOS   MUY FACIL

INGREDIENTES

Huevos	5
Azúcar	2 cucharadas
Chocolate para taza	5 barritas
Manteca	25 g

Separar las yemas de las claras.
Batir las claras hasta que comienzan a espumar, agregar el azúcar en forma de lluvia y seguir batiendo hasta formar un merengue firme.
Derretir el chocolate cortado en trocitos en la manteca.
Mezclar el chocolate y las yemas ligeramente batidas.
Agregar las claras, revolviendo suavemente y en forma envolvente.
Distribuir en 5 compoteras o boles.
Decorar si se desea con un copete de crema chantilly y nueces o almendras fileteadas y tostadas.
Llevar a heladera y servir bien fría.
Es conveniente distribuir la mousse en recipientes individuales para que las claras no hagan sedimento.
Nota: Esta mousse resulta muy rica y liviana, porque tiene bajo contenido graso.

Nubes de limón

INGREDIENTES

Tapas de merengue	4
Gelatina de limón	1 paquete
Crema de leche	200 g
Claras	2
Azúcar	2 cucharadas
Chocolate	4 barritas
Nueces picadas	4 cucharadas

Triturar ligeramente las tapas de merengue y distribuirlas en 4 compoteras.

Preparar la gelatina de limón pero con 1 taza menos de agua de lo que indica el envase.

Dejar enfriar, colocando el recipiente sobre hielo y moviendo de vez en cuando, hasta que tome consistencia de jarabe espeso.

Mezclar la gelatina con la crema batida.

Incorporar las claras batidas a nieve con el azúcar, removiendo suavemente y en forma envolvente.

Agregar el chocolate fileteado.

Colocar en compoteras y espolvorear con las nueces.

Servir bien frías.

Nota: Se puede dar más color a la preparación agregando 2 gotas de colorante vegetal.

276

Pancitos tiernos Ezequiel

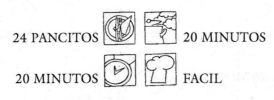

24 PANCITOS   20 MINUTOS

20 MINUTOS   FACIL

INGREDIENTES

Levadura de cerveza	30 g
Azúcar	3 cucharadas
Puré en copos	1 caja
Manteca	60 g
Ralladura de limón	1 cucharada
Huevos	2
Harina	1/2 kg
Sal	1/2 cucharadita
Mermelada	Cant. nec.
Semillas de sésamo, amapolas o kummel	Cant. nec.

Diluir la levadura en el azúcar. Preparar el puré con 650 cc de agua, la manteca y la ralladura. Agregar la levadura, los huevos y la harina con la sal. Amasar y dejar leudar tapada, en lugar tibio. Estirar, cortar los pancitos y acomodarlos en una placa enmantecada. Rellenar algunos con mermelada, pincelarlos con huevo y espolvorearlos con semillas de sésamo, amapola o kummel. Dejar leudar y cocinar en horno más bien caliente 18 a 20 minutos.

Pasta frola de maíz y batata

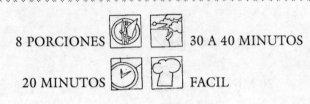

8 PORCIONES   30 A 40 MINUTOS

20 MINUTOS   FACIL

INGREDIENTES

Harina leudante	1 taza
Harina de maíz	1 taza
Azúcar	180 g
Ralladura de limón	1 cucharada
Manteca	75 g
Yemas	2
Leche	Cant. nec.
Dulce de batata	1/2 kg
Nueces	50 g
Mermelada o miel	Cant. nec.

Mezclar la harina de trigo con la de maíz. Agregar el azúcar, la ralladura, la manteca, las yemas y 3 o 4 cucharadas de leche. Tomar la masa y tapizar una tartera enmantecada. Rellenar con el dulce de batata pisado con las nueces. Con un resto de masa formar tiras y cubrir el relleno, formando un enrejado. Cocinar en horno moderado 30 a 40 minutos. Abrillantar con mermelada o miel.

Pastel de manzanas

8 A 10 PORCIONES   35 MINUTOS

15 MINUTOS   MUY FACIL

INGREDIENTES

Discos de pascualina	1 paquete
Mermelada ácida	1 cucharada
Canela	2 cucharaditas
Manzanas deliciosas	1,250 kg
Postre de vainilla	1 paquete
Huevo o leche	Cant. nec.
Azúcar	Cant. nec.

Tapizar una tartera con un disco de pascualina.
Untar el fondo con la mermelada y espolvorear con la canela.
Colocar una capa de manzanas peladas y cortadas en rodajitas, espolvorear con una parte del postre de vainilla; agregar otra capa de manzanas, otra de postre de vainilla y así sucesivamente hasta finalizar los ingredientes.
Cubrir con el otro disco de pascualina, pincelar con huevo o leche y espolvorear con abundante azúcar.
Cocinar en horno moderado 35 minutos.

Peras al caramelo

4 PORCIONES   20 MINUTOS

15 MINUTOS   MUY FACIL

INGREDIENTES

Peras	4
Limón	1
Canela en rama	Un trozo
Naranja	1
Clavo de olor	1
Miel	2 cucharadas
Azúcar	200 g

Pelar las peras, partirlas por la mitad y quitarles los centros y las semillas. Acomodarlas en un recipiente algo profundo, sin superponerlas. Rociarlas con el jugo de limón y de naranja; agregar una cáscara de limón y otra de naranja. Añadir el clavo de olor y la canela, rociar con la miel. Taparlas y cocinarlas en horno moderado 20 minutos, escurrirlas y distribuirlas en copas. Colocar el azúcar sobre fuego suave, moviendo con cuchara de madera, hasta obtener un caramelo claro, dejar que pase el calor fuerte y salsear las peras. Acompañar con coulis de frutillas.

Coulis de frutillas

Licuar 250 g de frutillas con 2 cucharadas de mermelada de frutillas y 3 cucharadas de vino blanco o jerez. Calentar y utilizar.

Peras al vino rojo con crema batida

4 PORCIONES   30 MINUTOS

15 MINUTOS   FACIL

INGREDIENTES

Peras	4
Vino tinto	600 cc
Canela en rama	Un trozo
Azúcar	175 g
Cáscara de limón	Un trozo
Mermelada de ciruelas	2 cucharadas
Almendras tostadas	50 g
Crema de leche	200 g

Pelar las peras, partirlas por la mitad y quitarles los centros y las semillas. Colocar en un recipiente donde puedan caber las peras, el vino, la canela, el azúcar y la cáscara de limón. Dejar que tome el hervor y acomodar las peras, cocinar a fuego lento hasta que estén tiernas. Retirarlas y proseguir la cocción del almíbar, incorporando la mermelada. Cuando el almíbar comienza a tomar punto de jarabe, retirar la canela y la cáscara de limón, y verter sobre las peras. Espolvorearlas con las almendras tostadas y mantener en heladera. Servir con la crema batida con 1 cucharada de azúcar y perfumada con ralladura de piel de limón o naranja.

Almendras tostadas

Sumergir las almendras en

agua caliente unos minutos.
*Escurrirlas, quitarles
la película oscura y filetearlas.
Colocarlas en una placa de
horno y tostarlas en horno
moderado, moviéndolas
de vez en cuando para evitar
que se quemen.*

Sugerencia:

*Las almendras tostadas se
pueden guardar en frascos.
Conviene prepararlas
en cantidad y después
de hornearlas, dejarlas
enfriar para que al
envasarlas no se humedezcan.*

Rollo gigante

8 PORCIONES · NO HAY

15 MINUTOS · MUY FACIL

INGREDIENTES

Piononos	2
Manteca	200 g
Leche condensada	1 lata
Chocolate para taza	4 barritas
Crema de leche	Cant. nec.

Cortar los piononos a lo largo, en tiras de 5 cm de ancho. Batir la manteca a temperatura ambiente, agregar lentamente la leche condensada y el chocolate derretido. Untar con esta crema una tira de pionono y arrollarla. Untar la siguiente tira, colocar el primer rollo en un extremo y arrollar. Repetir con todas las tiras, hasta obtener una torta de 20 cm de diámetro. Acomodar en una bandeja y decorar la parte superior con crema batida.

Nota: Esta torta es muy original ya que al cortarse se ven líneas verticales.

Torta de ricota merengada

6 A 8 PORCIONES   45 A 50 MINUTOS

10 MINUTOS   MUY FACIL

INGREDIENTES

Vainillas	10
Vino dulce	7 cucharadas
Ricota	3/4 kg
Azúcar	2 tazas de té
Ralladura de	1 limón
Esencia de vainilla	1 cucharadita
Huevos	5

Cortar las vainillas en trozos y acomodarlas en la base de un molde desarmable, bien enmantecado.
Rociar con el vino dulce.
Mezclar la ricota con 1 taza de azúcar, la ralladura de limón, la esencia de vainilla y 5 yemas.

Colocar en el molde.
Batir las claras con el resto de azúcar, hasta obtener un merengue firme.
Acomodar sobre la preparación de ricota y cocinar en horno moderado 45 a 50 minutos.
Dejar enfriar y desmoldar.

Torta express en el molde

12 PORCIONES   35 A 40 MINUTOS

18 MINUTOS   MUY FACIL

INGREDIENTES

Harina leudante	300 g
Azúcar	300 g
Cacao	6 cucharadas
Café instantáneo	2 cucharaditas
Aceite neutro	5 cucharadas
Vinagre de manzana	3 cucharadas
Esencia de vainilla	2 cucharaditas
Agua tibia	225 cc

Enmantecar y enharinar un molde de 22 cm de diámetro. Cernir en el molde la harina, el azúcar y el cacao. Hacer tres huecos y colocar en uno de ellos el café, en otro el aceite y en el último, el vinagre.

Perfumar con la esencia de vainilla, agregar el agua tibia y desmoldar con cuchara de madera. Cocinar en horno moderado 35 a 40 minutos.

Torta galesa sin huevo con baño de chocolate

6 A 8 PORCIONES   40 MINUTOS

15 MINUTOS   MUY FACIL

INGREDIENTES

Azúcar negra	250 g
Agua	300 cc
Manteca	150 g
Harina leudante	400 g
Canela, nuez moscada y jengibre	A gusto
Nueces	100 g
Pasas rubias y negras	100 g
Baño	
Chocolate para taza	4 barritas
Crema de leche	200 g

Colocar en un recipiente sobre fuego el azúcar negra, el agua y la manteca, hasta que ésta se funda.

Dejar enfriar y verter sobre la harina cernida con 1 cucharada de especias. Agregar las pasas pasadas por harina.

Colocar en un molde de 22 cm de diámetro enmantecado y enharinado. Cocinar en horno moderado 35 minutos. Entibiar y desmoldar. Salsear con el baño de chocolate.

Baño de chocolate

Cubrir las barras de chocolate con agua bien caliente. Cuando al pincharlas están tiernas, escurrir el agua con cuidado. Dejar entibiar y mezclar con la crema de leche apenas batida.

Torta Paulina con cubierta granulada

8 A 10 PORCIONES   35 MINUTOS

15 MINUTOS   MUY FACIL

INGREDIENTES

Leche	225 cc
Aceite neutro	3 cucharadas
Huevo	1
Esencia de vainilla	1 cucharadita
Ralladura de limón	2 cucharaditas
Azúcar	200 g
Harina leudante	300 g
Cubierta	
Pan rallado	1 pocillo
Manteca	50 g
Azúcar	3 cucharadas
Canela	1 cucharadita colmada

Batir ligeramente la leche con el aceite, el huevo, la esencia y la ralladura de limón. Mezclar el azúcar con la harina. Unir las dos preparaciones y colocar en un molde de 22 cm de diámetro, enmantecado y enharinado. Mezclar la manteca, el pan rallado, el azúcar y la canela formando un granulado. Acomodar sobre la torta y cocinar en horno moderado 35 minutos.

287

Equivalencia de términos

Las mismas cosas pueden llamarse de diferente manera en los países de habla hispana, por eso consideramos de gran utilidad incluir en este libro la siguiente lista.

Aceitunas: *oliva*

Ajíes: *pimientos*

Albahaca: *alfábega*

Alcaucil: *alcachofa*

Ananás: *abacaxi*

Anchoa: *boquerón*

Arveja: *guisante*

Atún: *bonito*

Bacalao: *abadejo*

Banana: *plátano*

Batata: *camote*

Comino: *kummel*

Crema de leche: *nata*

Chauchas: *judías verdes*

Damasco: *albaricoque*

Durazno: *melocotón*

Frutilla: *fresa*

Garbanzo: *chícharo*

Palta: *aguacate*

Papa: *patata*

Queso blanco: *requesón*

Remolacha: *betarraga*

Tomate: *fitomate*

Zanahoria: *azanahoria*

Zapallo: *calabaza*

Zapallito: *calabacín*

Indice general

292

294

295

Indice alfabético de recetas

❖ ❖

298

De esta colección

Manualidades en Tela,
de Marina Orcoyen
Con moldes tamaño real.

◆

Sea su propio Astrólogo,
de Mariángeles
Con un regalo extra: el calculador de ascendente instantáneo.

◆

Tarjetas Españolas,
de Mabel Alvarez
Con más de 150 motivos en tamaño real.

◆

Bijouterie paso a paso,
de Ileana Vázquez Gil
Con moldes tamaño real.

◆

Manualidades en cartón y en tela,
de María José Roldán
Con moldes tamaño real.

◆